MANUEL

DE

MORALE PRATIQUE

G. DANTU. — *Manuel de morale pratique.*

GUSTAVE DANTU

DOCTEUR ÈS LETTRES

Chanoine honoraire d'Evreux, Curé de Fleury-sur-Andelle (Eure)

MANUEL

DE

MORALE PRATIQUE

A L'USAGE

DES ÉCOLES PRIMAIRES

(En conformité avec le programme officiel)

DEUXIÈME ÉDITION

PARIS

GABRIEL BEAUCHESNE

Rue de Rennes, 117

1920

A MES ÉLÈVES

LOUIS ET YVAN DE BIRÉ

AFFECTUEUX HOMMAGE

G. D.

PREFACE

Le *Manuel de Morale* que M. le chanoine Dantu offre
aux maîtres et aux élèves de l'enseignement libre dans
un texte entièrement refondu n'a pas besoin d'être pré-
senté. Tous ceux qui ont pratiqué la première édition
de ce traité en ont aimé la solidité, la clarté et l'agrément ; ils retrouveront ici les mêmes qualités ; ils
auront en outre le plaisir de voir que les chapitres
importants ont été enrichis de renseignements qui font
de ce livre très élémentaire un livre complet.

Nous serions gravement coupables si nous ne don-
nions pas à l'enseignement de la morale dans nos écoles
libres la place d'honneur. Sans doute nous avons le
catéchisme, c'est-à-dire le code de la morale la plus
pure et la plus haute que les hommes aient pu connaître. Mais si le catéchisme doit être appris et récité
en classe, il faut en réserver l'explication et le commentaire au prêtre qui a reçu la mission de l'enseigner et la culture théologique nécessaire pour préserver de l'erreur. Le maître d'école a lui aussi, comme
le prêtre, une mission à remplir dans la formation
morale de l'enfance : il doit enseigner les vertus naturelles qui sont le fondement des vertus chrétiennes et
les devoirs naturels qui s'imposent à tout homme par
le fait qu'il est homme. Les enfants de nos écoles,

élevés dans des familles chrétiennes où la pratique religieuse est une tradition ont l'instinct de ces vertus et de ces devoirs. Mais il importe de définir clairement ce qu'ils ne sentent que confusément, de faire toucher par des leçons régulières les motifs profonds et sacrés sur lesquels se fondent ces devoirs, et par des conversations familières, par des exhortations, par des lectures, de créer autour de leur âme l'atmosphère de principes, d'idées, d'impressions, qui nourrira et amplifiera leur vie morale. Nous attendons d'abord de toute école qu'elle donne cette culture, qui est sa raison d'être autant et plus que l'instruction. Ce que nous réclamons si justement de l'école publique doit se trouver chez nous, et à la place d'honneur.

Il n'y a pas à craindre que cet enseignement moral, dans la mesure même où il sera solide et efficace, fasse naître dans l'esprit de l'enfant le sentiment que la morale est indépendante de la religion. Le maître chrétien n'aura pas de peine à montrer — en suivant son *Manuel* — que la morale qui ne repose pas sur l'autorité et la volonté de Dieu manque de fondement et de sanction efficace. Il lui sera facile de faire sentir à des enfants qui s'approchent de Dieu que toutes les leçons scolaires de morale doivent être complétées par un autre enseignement et éclairées d'une lumière plus haute. En sortant de ces leçons de morale humaine, l'écolier aura le désir d'entrer à l'église et son cœur sera préparé à y recevoir la véritable culture. Entre l'école et l'église il y aura continuité, ce qui ne serait pas si l'église seule enseignait la morale ; le « catéchisme » ne sera pas dans l'emploi du temps une leçon isolée, mais le couronnement et la consécration de toutes les leçons de la journée.

Les maîtres et les maîtresses d'école ont donc une importante mission morale à remplir. Pour parler aux enfants, pénétrer dans leur âme, leur inspirer l'amour du bien, il faudra d'abord qu'ils apprennent à connaître cet organisme délicat qu'est une conscience : le bon maître doit être d'abord un psychologue[1]. Il va de soi ensuite que leur enseignement sera d'autant plus efficace que leur vie intérieure sera plus ardente et qu'ils éprouveront plus profondément ce désir d'apostolat qui est le signe le plus clair de la vocation d'éducateur.

En développant ces considérations, je ne m'éloigne pas du *Manuel* de M. le chanoine Dantu : il les suggère par le ton à la fois grave et souriant de ses leçons. L'enseignement libre possède dans ce petit traité un livre bien informé, bien écrit, bien chrétien. Le succès qu'il rencontrera sera la mesure du goût de notre personnel enseignant.

J. CALVET,
professeur agrégé des Lettres
au Collège Stanislas.

1. Voir *Eléments de Psychologie et de morale* (à l'usage des écoles normales primaires et des candidats au certificat d'aptitude pédagogique) par le chanoine Dantu, Hatier, éditeur.

AVANT-PROPOS

De la première édition (1910)

Ce manuel de morale pratique s'adresse aux élèves de l'enseignement primaire. Sans reproduire ici les considérations philosophiques que comporte l'enseignement supérieur, l'auteur, ancien élève de l'Université, a voulu offrir aux enfants un résumé clair et sûr des doctrines qu'un homme doit étudier pour comprendre le sens de la vie. Qui suis-je? Que dois-je faire? Que puis-je espérer? Voilà ce qu'il faut apprendre de bonne heure aux enfants afin que leur existence entière s'en trouve éclairée, soutenue, vivifiée.

Nous indiquons d'un mot l'esprit de ce manuel : la morale est inséparable de la religion. La morale a son fondement dans la religion et la religion elle-même a ses racines dans la nature de l'homme. De là vient que nous avons insisté un peu plus qu'on ne le fait ordinairement sur deux idées qui, en Morale, sont comme les clés de voûte du temple : *Dieu* et l'*âme*.

On remarquera que nous avons joint la pratique à la théorie, en faisant suivre les différents chapitres de quelques lectures extraites des grands écrivains. Pour de jeunes intelligences comme celles auxquelles nous nous adressons, la doctrine toute seule est un peu sèche et ardue : des lectures pratiques et des exemples concrets présentent le double avantage de la faire mieux comprendre et de la graver plus profondément dans la mémoire.

Enfin, pour dispenser les élèves d'avoir trop souvent recours au maître ou au dictionnaire, nous avons ajouté un index des noms propres avec une notice sur les principaux écrivains cités dans ce Manuel.

Puisse ce petit livre contribuer à la formation morale des jeunes générations, et préparer, dans l'enfant, l'homme futur ayant une idée juste et précise de ses devoirs, de ses droits, de sa destinée.

G. D.

MANUEL

DE

MORALE PRATIQUE

CHAPITRE PREMIER

NOTIONS PRÉLIMINAIRES DE MORALE THÉORIQUE
LA LOI MORALE OU LE DEVOIR

La Loi. — Saint Thomas d'Aquin[1] a donné de la
loi une définition célèbre à laquelle il faut toujours
revenir tant elle est juste et complète. « *La loi est
une ordonnance de la raison dictée par le dépositaire du
pouvoir, et promulguée en vue du bien de la Société.* »
Tels sont les trois éléments essentiels de la loi : un élément de raison, un élément d'autorité, un élément de
bien commun.

En conséquence, toute loi qui n'est pas une lumière
et un principe d'ordre, qui n'émane pas d'un pouvoir
légitimement établi, enfin qui est contraire au bien
véritable de la multitude, c'est-à-dire à ses intérêts
religieux et moraux, est mauvaise et radicalement
nulle.

Tout être est soumis à des lois. — La divinité, dit
Montesquieu, a ses lois, le monde matériel a ses lois,

1. Saint Thomas. Summ. Theol. Quæ tio XC.

les intelligences supérieures à l'homme ont leurs lois, les bêtes ont leurs lois, l'homme a ses lois[1].

Deux sortes de lois pour l'homme : loi écrite et loi morale. — « Tu ne tueras point, tu ne voleras point, tu respecteras ton père et ta mère, tu obéiras à tes supérieurs légitimes », autant de prescriptions et de défenses qui, avec beaucoup d'autres, nous sont faites par Dieu ou par la Société et qui ont été consignées par écrit soit dans le *Décalogue*, soit dans le *Code Civil*. C'est ce qu'on appelle la *loi écrite*. Mais il est une autre loi, gravée celle-là dans le cœur de l'homme et qui nous apprend, de bonne heure, la distinction entre le bien et le mal, avant même que les ministres de Dieu ou les représentants de l'État nous aient prescrit ou défendu telle ou telle action, comme bonne ou mauvaise. C'est ce qu'on appelle *la loi morale*.

La loi morale. — C'est une erreur de certains philosophes d'avoir confondu la loi morale, les uns, avec le *plaisir quel qu'il soit*, les autres, avec le plaisir, en tant qu'il est utile à l'individu, ou l'*intérêt*. En effet, le *plaisir* relève de la sensibilité, et la sensibilité de l'homme, qui n'est pas réglée par l'instinct comme celle de l'animal, est capable des pires désordres, si on l'abandonne à elle-même. Bien loin donc de se laisser conduire par sa sensibilité, l'homme doit la contenir, la diriger et la soumettre à l'action d'un principe supérieur. *L'intérêt* ne peut pas davantage servir de loi

1. Montesquieu. *Esprit des Lois*, I, ch. I.

morale. En effet, chacun comprend son intérêt à sa façon et une loi qui est susceptible de varier avec les caractères et les tempéraments des individus n'est plus une loi universelle, générale, commune à tous les hommes comme doit être la loi morale. Ajoutons que si la recherche de notre intérêt devait être la règle suprême de notre conduite, nous serions en lutte continuellement les uns avec les autres, afin de donner satisfaction à nos appétits et à nos ambitions. Il arriverait alors que la justice et la charité ne seraient plus que des mots vides de sens, et que l'état de société, qui pourtant est naturel à l'homme, serait le pire état pour l'homme.

Quelle est donc la véritable loi morale? C'est cette loi par laquelle nous sommes obligés de faire le bien et d'éviter le mal, et qu'on appelle le *devoir*. Le devoir n'exclut ni le plaisir ni l'intérêt; il les règle et les élève. En obéissant à la loi du devoir, nous donnons la préséance à l'âme sur le corps, nous préférons les nobles et grandes aspirations du cœur aux penchants d'un vil égoïsme. Le devoir est *impératif* ou *obligatoire*, c'est-à-dire que nous nous sentons tenus de l'accomplir, aussitôt que nous le concevons; il est *universel*, c'est-à-dire qu'il s'impose à tous les hommes; enfin il est *désintéressé*, c'est-à-dire qu'il doit être accompli pour lui-même et non pour ses conséquences.

« L'accomplissement du devoir, voilà, dit Jouffroy, le véritable but de la vie et le véritable bien. Qu'importent, quand nous quittons ce monde, les plaisirs et les peines que nous y avons éprouvés. Tout cela n'existe qu'au moment où il est senti; la trace du vent dans les feuilles n'est pas plus fugitive. Nous n'emportons de cette vie que la perfection que nous avons donnée à notre âme, nous n'y laissons que le bien que nous avons fait[1]. »

Fondement de la loi morale. — Le devoir, telle est la loi morale absolue, universelle, obligatoire pour tous les hommes. Quel est le fondement de cette loi? C'est l'existence de Dieu avec ses perfections infinies. Supprimer l'existence de Dieu, c'est « laisser la morale en l'air ». La morale indépendante peut-être une morale, elle ne sera jamais la morale. La seule morale qui puisse s'imposer aux hommes et leur suffire est celle qui ordonne ou défend au nom d'un Dieu infiniment parfait. En effet, si Dieu n'existe pas qu'est-ce que le bien, qu'est-ce que le mal, qu'est-ce que le devoir? Des formules humaines, des conventions sociales qui peut-être abusent de ma conscience et la faussent, qui me laissent dans un doute continuel et angoissant. Car enfin, qui sait? Les hommes peuvent se tromper et rien ne me garantit qu'une morale inventée par eux soit juste et vraie.

Au contraire, tout change si je puis me dire : « Il y a un Dieu éternel et doué de toutes les perfections. Sa volonté indéfectible est le fondement de la loi morale et ma conscience n'est que l'écho fidèle de cette volonté. »

Dans ces conditions, plus d'erreur, plus de doute, plus d'inquiétudes possibles. Lorsque ma conscience

1. Jouffroy. *Nouveaux Mélanges. Discours prononcé à la distribution des prix du collège Charlemagne.*

me dit : « Ceci est bien, fais-le. Ceci est mal, ne le fais pas », c'est Dieu lui-même qui parle en moi et en lui obéissant je suis dans la paix parce que je sais être dans la vérité.

La conscience. — « Deux choses, dit Kant, remplissent mon âme d'une admiration et d'un respect toujours renaissants : le ciel étoilé au-dessus de nous, la loi morale au-dedans[1] ». Cette loi morale au-dedans de nous-mêmes, c'est la *conscience.*

La conscience morale peut être définie : *le jugement pratique de la raison qui nous avertit de ce qu'il faut faire comme étant bien, et de ce qu'il faut éviter comme étant mal.* En principe, il n'est jamais permis d'agir contre sa conscience, car « tout ce qui n'est pas selon la conscience, dit l'apôtre saint Paul, est péché[2] », mais il ne faut pas oublier que seule la conscience *vraie* est un juge infaillible du bien et du mal. Par suite de l'ignorance ou de l'aveuglement causé par les passions, la conscience peut-être *fausse* ou *erronée*, et dans ce cas, elle ne peut servir de règle de conduite.

On ne saurait apporter trop de soin à éclairer sa conscience en consultant ceux qui nous sont supérieurs en science et en vertu. « Si vous voulez vous conduire uniquement par vous-même, écrit Fénelon, vous serez aveugle sur votre intérêt, ou sur une passion déguisée, qui trouble votre paix... Vous avez besoin d'être sou-

---

1. Kant. *Critique de la raison pratique.*
2. Saint Paul. *Ep. aux Romains.* XIV, 23.

tenu. Rien n'est plus dangereux que de n'écouter que soi-même [1]. » Ce qui veut dire : ayez un *directeur de conscience*. Cette pratique tant recommandée par les moralistes chrétiens ne fut pas ignorée du monde païen et les philosophes de l'antiquité furent, plus d'une fois, de véritables directeurs d'âmes. Chez les Grecs, Socrate n'avait d'autre occupation que de rappeler les hommes à la vertu. Il se faisait expliquer de quelle manière on vivait, et comment on avait vécu autrefois ; il visitait les particuliers, s'arrêtait sur les places publiques, interrogeait, harcelait, provoquait les aveux [2].

Chez les Romains, Sénèque, qui fut lui-même un véritable directeur de conscience, affirmait la nécessité d'un « gardien des âmes [3] ». « Choisissez-le, dit-il, parmi ces hommes dont la conversation descend, sans qu'on y pense, au fond de notre cœur, pour nous faire aimer la vertu, qui, vivant bien, enseignent à bien vivre, et dont la seule présence est une leçon [4]. »

Mais il ne faut pas oublier que nous avons à jouer un rôle actif et important dans cette éducation de notre propre conscience. Aux bonnes influences, aux sages directions qui nous viennent du dehors, nous devons joindre la réflexion personnelle, les lectures élevées qui nous enseignent ou nous rappellent nos

---

1. Fénelon. *Lettre sur la Direction.*

2. Platon. *Apologie de Socrate.* 28 E, 29 E, 30 B, C.; *Lachès,* 187 E.

3. *Sit ergo aliquis custos.* Cf. *Lettre XCIV.*

4. Cf. *Lettre LII.*

différents devoirs, enfin un souci continuel de notre perfectionnement moral.

Liberté et responsabilité. — L'homme a donc, par la conscience, le discernement du bien et du mal. Mais est-il capable de *choisir* entre l'un et l'autre? Oui, et c'est ce pouvoir de choisir qu'on appelle *liberté*. La liberté a pour conséquence la *responsabilité*. Être responsable, c'est se sentir et se reconnaître la cause et comme le père de ses actions, c'est prendre à son compte toutes les suites qui peuvent en résulter, enfin, comme le mot lui-même l'indique, c'est en répondre devant Dieu et devant les hommes.

On a beaucoup discuté sur la liberté humaine.

La meilleure preuve que l'on puisse donner de cette liberté, c'est la conviction, ou mieux encore, c'est le *sentiment intime* ou la *conscience* que nous en avons. « Que chacun de nous s'écoute et se consulte soi-même, dit Bossuet; il sentira qu'il est libre, comme il sentira qu'il est raisonnable[1] ». Ajoutons que si l'homme n'était pas libre, la loi morale n'aurait plus aucun sens. En effet, à quoi bon dire à quelqu'un : Faites cela, ne faites pas cela, si une nécessité irrésistible le contraint ou l'empêche de le faire?

La vertu et le vice. — La règle des actions humaines est le *devoir*. Nous avons connaissance de cette règle par la *conscience*, et nous l'accomplissons *librement*. Cet accomplissement de la loi, lorsqu'il est *persistant* et

---

1. **Bossuet.** *Traité du libre arbitre*, ch. II.

fidèle, s'appelle la *vertu*. Il ne suffit pas pour être vertueux de faire le bien de loin en loin, il faut le pratiquer *habituellement*. La vertu, dit excellemment Aristote, est l'*habitude de bien agir*. Avant lui, Platon avait défini la vertu une *harmonie*, un *équilibre* général de l'âme. Il était allé jusqu'à dire qu'elle était une *imitation de Dieu*, principe de tout ordre et de toute harmonie.

Si la vertu est une habitude, le *vice* en est une autre, celle de mal faire.

Celui qui, de loin en loin, cède à une tentation mauvaise commet une faute, mais on ne peut pas dire qu'il est vicieux. L'homme vicieux est celui qui vit dans *l'habitude du mal*.

Mérite et démérite. — La vertu n'est pas un don que l'on reçoit avec la naissance comme la santé ou la richesse. La vertu s'acquiert, ou mieux encore se conquiert au prix des plus rudes efforts, et l'auteur de l'*Imitation* a pu dire, en ce sens, que la vie de l'homme est un combat. Mais l'effort, la lutte donnent droit à une récompense, c'est le principe du *mérite*. L'homme vertueux a du mérite : il sera donc récompensé.

Par suite de la chute originelle, nous naissons avec des penchants au mal, mais, nous ne naissons pas vicieux. Le vice suppose un manque d'effort, une lâcheté habituelle en face du mal à éviter. L'homme est vicieux comme il est vertueux, parce qu'il veut bien l'être. Il est donc coupable, et cette culpabilité appelle un châtiment, c'est le principe du *démérite*. L'homme vicieux démérite : il sera donc puni.

Sanctions de la loi morale : récompenses et châtiments. — On appelle sanctions de la loi morale l'ensemble des récompenses et des punitions attachées à l'exécution et à la violation de cette loi. Ces conséquences de nos bonnes et mauvaises actions ne sont point incompatibles, comme on serait tenté de le croire, avec le caractère propre du devoir qui est le *désintéressement*. Lorsque nous accomplissons notre devoir, ce n'est pas *en vue du* bonheur qui en sera la récompense, mais nous méritons ce bonheur et nous l'aurons *parce que* nous avons fait notre devoir. Le juste fait le bien pour le bien, en s'oubliant lui-même, mais il est une Justice qui pense au bonheur du juste et le lui donne infailliblement. Cette Justice, c'est Dieu qui a promis de rendre à chacun selon ses œuvres, de récompenser le bien et de punir le mal.

Les sanctions terrestres. — On en distingue habituellement quatre espèces.

1º La sanction *naturelle*, 2º la sanction *légale*, 3º la sanction de l'*opinion*, 4º la sanction *intérieure*.

1º La sanction naturelle consiste dans les conséquences naturelles de nos actes. Ainsi il est naturel que la pureté des mœurs entretienne la santé du corps et que l'inconduite la ruine. Il est naturel que le travail produise l'aisance, sinon la richesse, et que la paresse soit une cause de misère. Dans ses romans d'une observation si juste et si pénétrante, M. P. Bourget a développé plus d'une fois cette idée, à savoir qu'une logique immanente veut que toute loi violée se venge. Sont malheureux, par exemple, ceux qui ont méconnu la loi de l'étape sociale et la loi de la famille, ils sont malheureux par le jeu normal de la loi elle-même[1].

2° La sanction légale se compose des châtiments infligés par la société à ceux qui enfreignent ses lois. Les *amendes*, la *prison*, sont des exemples de cette sanction qui est pénale avant tout, c'est-à-dire qui a pour objet de punir les malfaiteurs, plutôt que de récompenser les honnêtes gens.

3° La sanction de l'opinion n'est autre chose que le jugement porté par nos semblables sur nos actions bonnes ou mauvaises. Généralement l'homme vertueux jouit de l'estime, de la considération de ses semblables, il est, comme l'on dit, *bien famé* ; l'homme vicieux, au contraire, est méprisé, tenu en suspicion, il est *mal famé*.

4° Enfin la sanction intérieure est l'ensemble des sentiments de *joie*, de *remords* ou de *repentir* que nous éprouvons lorsque nous avons bien ou mal agi. Chaque homme, dit Chateaubriand, a au milieu du cœur un tribunal où il commence par se juger soi-même, en attendant que l'Arbitre souverain confirme la sentence[2]. Selon que cette sentence est favorable ou défavorable, l'homme vit en paix et heureux, ou inquiet et malheureux.

L'état de conscience qui accompagne le sentiment d'avoir bien agi s'appelle *satisfaction morale*. Au jugement de Descartes, cette satisfaction « est la plus douce de toutes parce qu'elle ne dépend que de nous-mêmes[3] ».

1. P. Bourget. Cf. *L'Étape* et *Un Divorce*.
2. Chateaubriand. *Le génie du Christianisme*, liv. VI, ch. II.
3. Descartes. *Les passions de l'âme*, 3e partie, art. 190.

L'état de conscience contraire s'appelle le *remords*, ou le *repentir*, qu'il ne faut pas confondre l'un avec l'autre. Le premier ressemble, comme le dit énergiquement Juvénal, à un fouet vengeur qui fouaille l'âme coupable mais qui ne l'amène pas toujours jusqu'à la conversion, le second au contraire est une tristesse de l'âme, accompagnée du *regret* de la faute et du *désir* de l'éviter à l'avenir. Judas s'est arrêté au remords : Marie-Madeleine est allée jusqu'au repentir !

Insuffisance de ces sanctions. Sanction religieuse ou de l'immortalité de l'âme. — Toutes les sanctions dont nous venons de parler sont en accord parfait avec l'idéal de justice que conçoit et poursuit notre raison. Elles sont cependant insuffisantes. En effet, il n'arrive pas toujours, par exemple, que la santé soit le partage de ceux dont la vie est sobre, et les mœurs intègres, ni que la richesse soit le fruit et la récompense du travail ; les honneurs et les faveurs de l'opinion ne vont pas toujours à ceux qui les méritent ; il y a des crimes abominables qui restent impunis ; enfin il se rencontre des hommes dont la conscience est tellement endurcie qu'ils commettent le mal sans le moindre remords. « Plus je rentre en moi-même, disait Rousseau, plus je me consulte et plus je lis ces mots écrits dans mon âme : sois juste et tu seras heureux. Il n'en est rien pourtant à considérer l'état présent des choses, le méchant prospère et le juste reste opprimé. Voyez aussi quelle indignation s'allume en nous quand cette attente est frustrée ! La conscience s'élève et murmure contre son auteur, elle lui crie en gémissant : Tu m'as trompé.

« — Je t'ai trompé téméraire, et qui te l'a dit ? Ton âme est-elle anéantie ? As-tu cessé d'exister ?... Tu vas mourir, penses-tu ; non, tu vas vivre, et c'est alors que je tiendrai tout ce que je t'ai promis[1]. »

Il est donc nécessaire qu'une sanction suprême et définitive vienne compléter toutes les autres ou parfois même les suppléer : c'est la sanction religieuse ou la sanction de l'immortalité de l'âme. Lorsque le corps de l'homme a disparu sous quelques pelletées de terre, il tombe en poussière et devient « ce je ne sais quoi qui n'a de nom dans aucune langue », mais son âme, substance simple et indivisible, ne meurt pas.

L'âme humaine une fois créée ne peut plus être détruite : elle est *immortelle*. A peine dégagée de son enveloppe terrestre elle se trouve face à face avec Celui qui est la bonté parfaite et la justice essentielle, et c'est dans ce redoutable instant qu'elle reçoit infailliblement et pour jamais sa récompense et son châtiment.

En réalité, la loi morale a pour couronnement comme elle a pour fondement l'existence d'un Dieu juste et parfait, qui ratifie ou revise les sanctions humaines, et assure, tôt ou tard, le triomphe définitif du bien sur le mal. — Croire au devoir, dit avec raison M. Joly, c'est croire à l'immortalité, et croire à l'immortalité, c'est croire en Dieu[2].

---

1. J.-J. Rousseau. Edit. Perrotin, 1851, *Émile*, liv. IV, p. 578.
2. M.-H. Joly. *Éléments de Morale*, 2ᵉ édit., 1892, p. 49.

RÉSUMÉ

1. — La loi est une ordonnance de la raison, publiée par le maître légitime du pouvoir, en vue du bien de la société.

2. — L'homme est soumis à deux sortes de lois ; la loi écrite et la loi morale. La loi écrite *divine* est renfermée dans le *Décalogue,* la loi écrite *humaine* dans le *Code civil.* La loi morale est celle qui est gravée au fond de notre cœur, qui nous commande de faire le bien et nous défend de faire le mal.

3. — La loi morale n'est ni le *plaisir* ni l'*intérêt.* Elle est le *devoir,* le devoir *obligatoire* pour tous, *universel* et *désintéressé.* La loi morale a pour fondement l'existence d'un Dieu infiniment parfait.

4. — La loi morale nous est dictée par une voix intérieure qui nous avertit de ce qu'il faut faire comme étant bien, de ce qu'il faut éviter comme étant mal : cette voix intérieure, c'est la *conscience.* La conscience peut être *vraie, fausse* ou *erronée.* Nous sommes tenus d'employer tous les moyens possibles pour avoir une conscience vraie ou éclairée. Ces moyens se résument à trois principaux : *étudier, réfléchir, consulter* les personnes qui nous sont supérieures en science et en vertu.

5. — Nous avons le pouvoir de choisir entre le bien et le mal, de faire l'un et d'éviter l'autre : ce pouvoir s'appelle la *liberté.* La liberté a pour conséquence la *responsabilité.* Être responsable, c'est être et se sentir la *cause* de ses actions, et, comme le mot l'indique, c'est répondre de toutes leurs *conséquences* devant Dieu et devant les hommes.

La meilleure preuve de la liberté est que chacun de nous *se sent* libre.

6. — L'habitude d'accomplir la loi morale ou de faire le

bien s'appelle *vertu*, l'habitude de faire le mal s'appelle *vice*.

7. — La pratique de la vertu exige un effort. Cet effort constitue le *mérite*. L'habitude du mal suppose une lâcheté en face du bien à accomplir, cette lâcheté est le principe du *démérite*.

8. — On appelle *sanctions de la loi morale*, l'ensemble des récompenses et des punitions qui suivent l'exécution ou la violation de cette loi. Les sanctions *terrestres* sont au nombre de quatre : la sanction *naturelle*, la sanction *légale*, la sanction de l'*opinion* et la sanction *intérieure*. L'expérience de chaque jour nous prouve que ces sanctions sont insuffisantes : elles ont besoin d'être complétées par la sanction *religieuse* qui s'accomplit par l'*immortalité de l'âme*.

CHAPITRE II

LES DEVOIRS

DEVOIRS ENVERS SOI-MÊME

Division des devoirs. — La morale théorique que nous venons de résumer dans ses lignes essentielles traite des conditions et du fondement de la morale, elle étudie d'une manière générale la règle de conduite qui doit présider à toutes nos actions ou le *devoir*. — Il n'y a en réalité qu'un seul devoir, mais il peut prendre des formes et des noms différents. De là plusieurs classes de *devoirs*, qui font l'objet de la morale *pratique*.

Ces devoirs se divisent généralement comme il suit :

1º Devoirs envers soi-même ou *morale personnelle*.

2º Devoirs envers la famille ou *morale domestique ;* l'école n'étant pour ainsi dire qu'une extension de la famille, nous ne séparerons point l'une de l'autre.

3º Devoirs envers la société ou *morale sociale*.

4º Devoirs envers la patrie ou *morale civique*.

5º Devoirs envers Dieu ou *morale religieuse*.

Devoirs envers soi-même. — « De ce que l'homme est libre, dit Victor Cousin, il ne faut pas conclure qu'il a sur lui-même tout pouvoir. De cela seul qu'il est doué de liberté, comme aussi d'intelligence, je conclus qu'il ne peut, sans faillir, dégrader sa liberté, pas plus que son intelligence... L'homme n'est pas une chose, et par conséquent il ne peut pas se traiter comme une chose[1]. » Nous avons donc des devoirs envers nous-mêmes parce que la liberté et l'intelligence font de chacun de nous une *personne morale* qui n'est pas notre bien exclusif : elle appartient à l'humanité qu'elle représente, et à Dieu qui l'a fondée.

Les devoirs envers soi-même se divisent naturellement en deux classes : les devoirs relatifs *au corps* et les devoirs relatifs *à l'âme*.

1. *Le Corps.*

Devoir de conservation. — Ce devoir nous est facile à pratiquer, car nous tenons tous à la vie par un instinct profond qui semble sommeiller en nous mais qui se réveille énergique, obstiné, farouche même en face du danger et devant la mort. Dans certaines catastrophes sur terre ou sur mer, on a vu des hommes frapper et piétiner de faibles femmes et des enfants, pour atteindre une planche de salut ou une porte de sortie. Il n'y a qu'une excuse à leur lâcheté : c'est précisément cet irrésistible instinct de conservation que seules quelques natures d'élite peuvent dominer et transformer en sublime dévouement.

1. V. Cousin. *Le Vrai, le Beau et le Bien.* Leçon XXI.

La Fontaine, cet observateur si perspicace, a exprimé dans deux fables pleines de vérité et de malice ce fort et secret attachement à la vie qui est commun à tous les hommes.

> . . . . Qu'on me rende impotent.
> Cul-de-jatte, goutteux, manchot, *pourvu qu'en somme*
> *Je vive*, c'est assez, je suis plus que content... [1]
> . . . .

> Plutôt souffrir que mourir,
> C'est la devise des hommes [2].

Il y a cependant un sentiment qui l'emporte parfois sur l'instinct de conservation et pousse l'homme à se détruire lui-même : c'est le *désespoir*.

Le désespéré qui se tue pour un motif ou pour un autre, que ce motif soit un violent chagrin ou une maladie cruelle, commet une action coupable, criminelle, qu'on appelle le *suicide*.

Le suicide. — Le suicide est un crime contre soi-même, contre la société et contre Dieu.

La vie ne nous appartient pas : elle est un dépôt sacré que nous avons le devoir de garder, de respecter et de défendre jusqu'au jour où le Maître de toute vie vient, selon la saisissante expression de l'Ecriture « nous redemander notre âme ». Par cela seul qu'il est une personne morale, l'homme a le devoir de se conserver. « Anéantir dans sa propre personne le sujet de la moralité, dit Kant, c'est extirper du monde, autant

1. La Fontaine. *La mort et le malheureux.*
2. Id. *La mort et le bûcheron.*

qu'il dépend de soi, l'existence de la moralité même, c'est disposer de soi comme d'un pur instrument pour une fin arbitraire, c'est rabaisser l'humanité dans sa personne [1]. »

Tout compte fait, et quoi qu'on en ait dit, celui qui se tue pour échapper à une douleur physique ou morale commet une lâcheté. C'est un déserteur du poste qui lui avait été confié, c'est un traître dont l'exemple, s'il était suivi et érigé en loi, amènerait la ruine de la société. Que deviendrait, en effet, une société dans laquelle le suicide serait autorisé? Elle ressemblerait à un corps dont les membres pourraient, à leur gré, se séparer, se détacher les uns des autres, ce qui revient à dire qu'elle ne pourrait plus subsister.

On a prétendu que le suicide, bien loin d'être une lâcheté, était un acte de courage. Qu'il nous suffise de répondre avec Montaigne qu'il y a plus de courage à user la chaîne qu'à la rompre, et plus de preuve de fermeté en Régulus [2] qu'en Caton [3].

Le suicide est aussi un crime contre Dieu. Se tuer, c'est empiéter sur les droits de Celui qui est le maître

1. Cité par Paul Janet. Cf. *Notions de morale pratique, troisième année*. Paris, Delagrave, p. 188.

2. Régulus, général romain, qui exposa sa vie pour le salut de sa patrie. Les Carthaginois, dont il était captif, l'avaient envoyé à Rome négocier la paix avec promesse de revenir si les pourparlers échouaient. Après avoir conseillé à ses compatriotes de rejeter les offres de l'ennemi, Régulus, fidèle à sa parole, revint à Carthage où il périt dans les plus atroces supplices (251 av. J-C.).

3. Célèbre Romain qui, au moment de la guerre civile entre César et Pompée, avait pris le parti de ce dernier. Après le triomphe définitif de César, Caton, dans un accès de désespoir se perça de son épée (46 av. J.-C.).

suprême de la vie et contrarier ses plans providentiels. Dans les desseins de Dieu sur l'homme, la douleur entre à titre de régénération, de *purification*. C'est par la souffrance que l'homme coupable *expie* et se rapproche de Dieu. Or, c'est précisément pour ne pas souffrir que l'homme s'ôte la vie et, de ce fait, il s'insurge contre Dieu et sa Providence. De là vient que l'Eglise catholique a frappé le suicide des peines les plus sévères, comme l'excommunication et la privation de sépulture religieuse.

Sans doute, il y a des circonstances qui rendent certains suicides dignes de pitié et d'indulgence; sans doute, l'Eglise elle-même consent quelquefois à rendre les derniers devoirs aux malheureux dont le suicide est attribué à un accès de folie. Mais des circonstances comme la folie ou le désespoir suppriment ou détruisent en grande partie la liberté et la responsabilité, et le cas s'en trouve complètement changé. Le suicide, en effet, pour relever de la loi morale et de ses sanctions, doit être l'acte d'une *volonté libre*.

Alcoolisme. — Se suicider, c'est supprimer en soi la vie tout d'un coup, s'abandonner à la passion de l'alcool c'est la détruire moins rapidement mais aussi sûrement. En sorte que l'alcoolisme n'est autre chose qu'un lent suicide, un suicide de tous les jours.

Il faut poser en principe, dit Paul Janet, que l'alcool quelle qu'en soit la cause, est un *poison* pour l'organisme humain. L'alcoolisme est un empoisonnement [1].

---

1. Paul Janet. *Ouv. cit.*, p. III. Voir aussi Dr Legrain, Bibliothèque scientifique des écoles et des familles. 1er juillet 1894.

Des expériences très positives démontrent la vérité de cet axiome. Quand on injecte à un cobaye ou cochon de lait un centimètre cube d'alcool amylique, l'animal tombe mort foudroyé.

Le même auteur résume ainsi, d'après le docteur Galthier Boissière, les terribles effets de l'alcoolisme sur la santé et l'organisme [1].

1° Sur le sang. L'alcool pénètre en nature et rapidement dans le sang et en altère les globules d'une façon définitive.

2° Sur le cœur. Sous l'influence de l'alcool, le cœur s'infiltre d'une sorte de graisse qui en gêne les fonctions. L'alcoolique est *oppressé*.

3° Sur les artères. Sous la même influence les artères se dilatent, forment ce qu'on appelle des *anérrismes*, dont la rupture amène la mort.

4° Sur le cerveau. L'alcool produit trois maladies principales : 1° l'hémorragie cérébrale ; 2° le ramollissement du cerveau et la folie ; 3° l'épilepsie et l'hystérie.

5° Sur les organes digestifs. Dilatation de l'estomac ; inflammation des viscères.

6° Sur les organes respiratoires. L'alcoolisme produit souvent la phtisie soit chez l'alcoolique lui-même, soit chez ses descendants. D'une manière générale l'alcoolique est prédisposé à toutes les maladies. En

---

1. Paul Janet *Ouv. cit.*, p. VI et VII ; Dr Galthier-Boissière, l'*Anti-alcoolisme*, p. 22 et suiv.

cas d'épidémio de choléra, par exemple, c'est lui qui est atteint le premier, et qui succombe infailliblement. La moindre piqûre, chez lui, devient mortelle. En cas d'empoisonnement par la rage, le traitement Pasteur, si efficace en tout autre cas, devient impuissant et sans effet.

Enfin, il ne faut pas oublier que toutes ces misères causées par l'alcoolisme ne ruinent pas seulement la santé des individus, mais celle de familles entières et pour plusieurs générations. Un père alcoolique transmet ses infirmités à ses enfants, et ceux-ci — lorsqu'ils vivent — sont rachitiques, faibles d'esprit, idiots et souvent criminels.

Ajoutons, pour n'avoir plus à y revenir, que l'alcoolisme entame profondément la santé *morale* en même temps que la santé physique. L'intelligence et la volonté s'affaiblissent, s'atrophient, et la machine humaine n'obéit plus qu'aux bas instincts de la vie animale. « Les désordres intellectuels, dit le docteur Lancereau, se révèlent tout d'abord par la lenteur dans les conceptions et dans l'expression des idées. Le buveur ne peut soutenir longtemps son attention, ni avoir une conversation un peu longue sans en perdre le fil. Le plus souvent il se contente de répondre par des monosyllabes... Puis, c'est une véritable torpeur intellectuelle, un état en tout semblable à la démence sénile et qui est bientôt suivi de mort[1]. »

Quant à la volonté, il est trop clair qu'elle est sans

---

1. Dʳ Lancereau, cité par M. Steeg, *Dangers de l'alcoolisme*, p. 439.

action et sans force chez l'alcoolique. Il appartient à la volonté de régler les penchants et de commander aux passions, mais, par l'alcoolisme, les rôles se trouvent renversés, et c'est la passion, la détestable passion des liqueurs fortes qui commande à la volonté et l'opprime.

L'histoire raconte que les citoyens de Sparte, afin de donner à leurs enfants le dégoût de l'ivrognerie, leur offraient le spectacle répugnant d'esclaves ivres ; nous voudrions inspirer à la jeunesse française la même horreur pour ce vice en lui mettant sous les yeux cette saisissante peinture du père de famille, dégradé, abruti par l'alcool : « Le voyez-vous rentrer chez lui, après avoir dépensé en orgies tout l'argent gagné dans la semaine, ce père de famille ivre, sale et dégoûtant, jurant et vociférant, se soutenant à peine, regardant stupidement ceux auxquels il inspire le mépris et l'horreur ! Il n'a plus conscience de rien ; il est tombé au-dessous de la brute. Il entre chez lui ; sa femme pleure et autour d'elle pleurent ses malheureux enfants. Ils attendaient son retour, espérant qu'au moins il rapporterait de quoi manger un morceau de pain ; ils n'ont pas mangé depuis la veille et le boulanger refuse de faire crédit. Il entre la poche vide et l'estomac plein de genièvre. Les larmes et les cris de ses enfants l'exaspèrent ; il les frappe outrageusement. La mère vole à leur secours et les arrache aux mains de leur bourreau. Alors la scène devient épouvantable ; l'ivrogne se rue sur sa femme comme une bête féroce ; il l'accable de coups. Il brise les meubles qu'il n'a pas vendus pour boire ; mère et enfants n'échappent à la mort qu'en se sauvant. Alors le monstrueux ivrogne se laisse tomber lourdement sur le lit; il dort pendant que ses malheureuses victimes se lamentent et pleurent dans la rue [1] ».

Tempérance. — Nous éprouvons tous le besoin de manger, de boire, de dormir, etc.., Le plaisir attaché à la satisfaction de ces besoins n'a rien que de légitime lorsqu'il est pris avec modération. Cette modération, cette juste mesure dans les plaisirs des sens s'appelle la *tempérance*. Au contraire, l'abus de ces plaisirs s'appelle l'*intempérance*. L'ivrognerie est l'abus des plaisirs du boire : elle se confond avec l'alcoolisme dont nous avons suffisamment parlé. La gourmandise est l'abus des plaisirs du manger, c'est le vice de ceux qui ont leur ventre pour dieu, selon l'énergique expression de l'Ecriture. La Bruyère a tracé un fidèle portrait du gourmand. « Cliton, dit-il, n'a jamais eu en toute sa vie que deux affaires, qui est de dîner le matin et de souper le soir : il ne semble né que pour la digestion [2]. » La gourmandise ruine la santé, engendre toutes sortes de maladies, précipite l'heure de la mort [3].

A l'ivrognerie et à la gourmandise s'oppose la *sobriété*, ou l'usage modéré du boire et du manger. Par la sobriété l'homme reste digne jusque dans la satisfaction de ses appétits inférieurs, il garde la pleine

---

1. H. Martel, cité par M. Steeg, *ouv. cit.*, p. 103.

2. La Bruyère. *Les Caractères.* Chap. de *l'homme*.

3. Cf. la fable de Florian : *La mort choisissant un premier ministre.* Elle choisit la gourmandise.

maîtrise de lui-même qui le défend contre ce vertige des sens appelé par Platon *la folie du corps*[1].

Chasteté. — Cette folie du corps se manifeste non seulement par l'iyrognerie et la gourmandise mais aussi par des paroles et des actions contraires aux bonnes mœurs. Un homme intempérant est presque fatalement un homme immoral, c'est-à-dire impur. Or « la pureté est de commandement. Le Décalogue en a promulgué la loi, l'Evangile en a rappelé le devoir, l'Eglise ne cesse d'y exhorter ses fidèles ; les moralistes en démontrent tous les jours l'obligation ; la conscience elle-même proteste contre toutes les formes du vice impur. Toutes ces voix s'accordent pour énoncer le précepte si connu :

Luxurieux point ne seras
De corps ni de consentement[2].

Les fautes contre la pureté obscurcissent l'intelligence, dépravent le cœur, ruinent la santé, engendrent la tristesse et le dégoût.

Au contraire, la chasteté entretient les âmes en beauté, elle fait les corps vigoureux et sains, elle fleurit la vie de joies fortes et délicates.

Gymnastique. — La vie, a-t-on dit, est dans le mouvement. Non seulement le mouvement est le signe et la condition de la vie, il en est l'entretien. Chez l'en-

1. Platon. *Phédon*, 67 A.
2. Abbé Guibert. *La Pureté*. Paris 1910, p. 17 et 18.

fant, l'organisme privé d'exercice n'atteint pas son développement normal, chez l'homme mûr il s'atrophie et dépérit. C'est donc avec juste raison qu'on s'est préoccupé, dans ces dernières années surtout, de faire un peu plus large la part de la gymnastique dans les programmes scolaires. Platon, qui était un maître dans l'art difficile de l'éducation, nous a laissé ces judicieux conseils : « Pour mettre l'équilibre et la santé dans l'homme, il faut prendre garde *de ne pas exercer l'âme sans le corps...* C'est en prenant un égal souci de toutes les parties de soi-même qu'on imitera l'harmonie de l'univers[1]. » Montaigne, qui fut lui aussi un grand éducateur, a soutenu la même théorie : « Il ne faut pas, dit-il, dresser le corps et l'âme l'un sans l'autre, mais les conduire également, comme un couple de chevaux attelés à un même timon[2]. »

Propreté. — Un philosophe du xviiie siècle a dit que la propreté était la première et comme la mère de toutes les vertus. L'exagération est évidente, mais elle renferme quelque vérité. La propreté entretient la santé du corps, et tout le monde sait que la santé morale a des rapports étroits avec la santé physique. *Mens sana in corpore sano*, un esprit sain dans un corps sain, dit le vieux proverbe. On peut donc soutenir en toute vérité que la vertu de propreté est le signe d'autres vertus d'un ordre plus élevé. « La propreté, écrit Paul Janet, suppose l'ordre, une certaine dignité ; elle est le

---

1. Platon. *Timée*, 87 C, 89 A.
2. Montaigne. *Essais*, liv. I, ch. xxv.

premier signe de la civilisation, partout où on la rencontre, elle annonce que des besoins plus élevés que ceux de l'animalité se font ou vont bientôt se faire sentir, la où elle manque, on peut affirmer que la civilisation n'est qu'apparente ou qu'elle a encore beaucoup à faire et à réparer[1]. »

On voit, d'après cela, combien il est important d'exiger rigoureusement la propreté, soit dans la famille, soit à l'école, puisque la santé du corps et celle de l'âme y sont gravement intéressées.

Devoirs relatifs aux biens extérieurs. — Nous constatons tous les jours que les biens extérieurs : nourriture, logement, vêtement, argent..., sont nécessaires à notre existence. La terre, source de toute richesse, est destinée à pourvoir à tous nos besoins, et c'est pour cette fin que Dieu l'a livrée à l'exploitation des hommes. Les biens extérieurs sont avant tout des *biens du corps* et, pour ce motif, ils trouvent naturellement leur place dans le chapitre qui traite des devoirs envers le corps.

Acquisition des biens extérieurs. — C'est par le *travail* que nous nous procurons les choses nécessaires à la vie, et, à ce point de vue, le travail est d'abord une *nécessité*. Il est aussi un *devoir*. L'homme a reçu de Dieu les facultés de son corps et de son esprit avec l'obligation de les exercer. On dit avec raison que le travail assure non seulement la sécurité de l'homme, mais sa dignité, précisément parce qu'il est

1. Paul Janet. *Ouv. cit.*, p. 195.

l'accomplissement d'un devoir. Du reste, tout est activité en ce monde : pour nous borner aux animaux, l'araignée tisse sa toile, l'oiseau fait son nid, l'abeille butine les fleurs, la fourmi creuse ses galeries souterraines, etc... L'homme inactif sur la terre serait une monstrueuse exception, un être stérile parmi l'universelle fécondité de la nature, un être discordant parmi l'harmonieux concert de toutes les forces agissantes de la création.

On distingue deux sortes de travail : le travail de l'esprit et le travail des mains. On est libre de choisir entre l'un ou l'autre et même de pratiquer alternativement l'un et l'autre : l'essentiel est de travailler. Nous aurons l'occasion de revenir sur le travail intellectuel, et nous ne parlerons ici que du travail manuel. Dans l'antiquité païenne, ce genre d'activité était réservé aux esclaves et un homme libre aurait rougi de se livrer aux travaux corporels, qu'il estimait indignes de lui. En abolissant peu à peu l'esclavage, la civilisation chrétienne a obligé les hommes libres à se servir de leurs mains pour subvenir aux nécessités de la vie et elle a contribué ainsi, pour une très large part; à la réhabilitation du travail manuel. Le Christ lui-même a voulu pratiquer ce genre de labeur afin d'enseigner au monde que l'humble ouvrier, qui peine sur sa tâche obscure, a droit au même respect, à la même considération, que le savant le plus renommé.

Sans doute, depuis la faute originelle, tout travail est devenu pour l'humanité une peine, un châtiment. Mais il y a lieu de distinguer entre le travail et les *conditions* actuelles du travail. Il n'était point dans les desseins de Dieu que l'homme restât oisif, et il est écrit dans la *Genèse* que le premier homme fut placé dans l'Eden avec la charge de le cultiver et de le garder [1]. On voit donc que le travail en lui-même n'a rien de déshonorant puisque Dieu ne l'a pas jugé indigne de l'homme, avant la chute. Mais, aux premiers jours de l'humanité, le travail était tout charme et tout agrément pour l'homme gardien d'une terre de délices et initié aux secrets de la nature. Après la chute, l'homme a continué de travailler, mais dans d'autres conditions, et ce sont précisément ces conditions de *peine*, de *fatigue*, de *douleur* et non le travail lui-même qui sont la conséquence et le châtiment de la faute originelle.

Concluons donc que le travail manuel n'est pas une déchéance pour l'homme et qu'il a sa noblesse aussi bien que les œuvres de l'esprit. Celui-là seul déchoit qui perd, gaspille le temps en vivant dans l'oisiveté. « Où est l'homme, écrit Sénèque, qui sache apprécier le temps ? Nous le laissons aller de mille façons, mais la perte la plus honteuse est celle qui vient de notre négligence [2]. »

Usage des biens extérieurs. — Les biens extérieurs sont des *moyens* d'existence, ils ne sont pas le *but* de la vie. Il faut donc prendre garde de s'attacher avec excès à l'argent et au gain. Aimer le gain pour le gain, amasser de l'argent pour le seul plaisir de l'amasser,

---

1. *Posuit hominem in Paradiso voluptatis ut operaretur et custodiret illum. Genèse*, ch. II.

2. Sénèque. *Lettres à Lucilius*, I.

constitue un vice qui s'appelle la *cupidité*. Aimer l'argent pour lui-même, pour le seul plaisir de le voir, de le palper, de le compter, vivre misérablement à côté de lui plutôt que de s'en servir, constitue un autre vice, très proche parent du précédent, qui s'appelle l'*avarice*. Ces marques distinctives de la cupidité et de l'avarice ont été finement observées par La Fontaine dans la fable de l'*Avare qui a perdu son trésor*. Cette fable nous dépeint « les gens de qui la passion est d'entasser toujours, mettre somme sur somme » ; elle nous parle « d'un malheureux qui attendait, pour jouir de son bien, une seconde vie », « qui ne possédait pas l'or, mais que l'or possédait », enfin qui « ne touchait jamais » à son argent. Lorsqu'un homme est arrivé à ce degré de soumission servile aux biens terrestres et périssables, il a perdu toute dignité morale, il est voué au mépris et au ridicule.

Un autre défaut à éviter dans l'usage des biens extérieurs et qui est opposé à l'avarice, c'est la *prodigalité*. Le prodigue est celui qui dépense à tort et à travers pour satisfaire tous ses caprices du moment, sans nul souci de l'avenir. Qui ne connaît la parabole célèbre de l'enfant prodigue ? Elle nous dispense de tout commentaire sur ce vice déraisonnable par lequel « nous sacrifions nos besoins de demain à nos plaisirs d'aujourd'hui ». Ne soyons donc pas dissipateurs de notre bien, quel qu'il soit.

Entre l'avarice et la prodigalité qui sont deux extrêmes il est un moyen terme qui consiste à ne faire que les dépenses nécessaires et à s'abstenir des superflues. Cela s'appelle *épargner*, *économiser*. Les petites économies amènent peu à peu l'aisance, les grandes économies conduisent à la richesse. Combien de familles aujourd'hui heureuses et prospères ont connu, dans leurs commencements, la rude épreuve de la pauvreté, quelquefois même de la misère! Il a suffi d'un père ou d'une mère économe pour procurer aux enfants une honnête aisance et aux petits-enfants la fortune.

Une conséquence du défaut d'économie, c'est la malheureuse habitude de faire des *dettes*. Il y a deux manières de s'endetter : 1º En ne payant pas ce que l'on doit ; 2º en faisant des emprunts d'argent. Au fond, cela revient toujours au même : c'est vivre aux *frais d'autrui*. Ce qui est une injustice, si l'on ne paie pas ses dettes dans les délais convenus.

Le meilleur conseil que nous puissions donner c'est d'éviter avec le plus grand soin la *première dette*, car, en cela comme en tout, c'est le premier pas qui coûte. Quiconque a fait ce premier pas, en fera un second et ainsi de suite : c'est la voie sans retour.

Enfin, c'est faire encore un mauvais usage des biens extérieurs que de les exposer aux caprices du hasard par le *jeu*. Nous ne voulons pas parler de ces jeux anodins, où, de temps en temps, entre amis, et par mode de récréation, on risque quelques sous pour intéresser davantage une partie. Nous avons en vue les joueurs de profession qui, à la Bourse, aux courses, dans les tripots de bas ou de haut étage, engagent follement des sommes d'argent considérables qui parfois constituent toute leur fortune. Ceux qui se livrent à cette détestable passion du jeu s'exposent aux plus grands malheurs comme la *ruine*, le *désespoir*, le *suicide*. Après avoir perdu tout ce que l'on possédait, il n'est pas rare que l'on perde aussi la tête, et on se tue. Souvent le public ignore, parce qu'on lui cache la vérité, les affreux désespoirs et les morts horribles qui sont les funestes conséquences du jeu, mais c'est le devoir du moraliste de les lui dénoncer. On parle à Monte-Carlo d'une barque mystérieuse qui va, de nuit, jeter à la mer les cadavres des suicidés, malheureuses victimes du baccarat ou de la roulette. Légende ou vérité, peu importe : ce qu'il faut retenir, c'est que le métier de joueur est indigne de tout homme qui a le souci de son honneur, qui veut vivre et mourir dignement.

2° *L'Ame.*

Devoirs envers l'intelligence. La recherche de la vérité. — L'intelligence de l'homme est faite pour la vérité et l'homme a le devoir de s'appliquer à la recherche de la vérité, c'est-à-dire de *s'instruire*. En rendant la fréquentation de l'école officielle, ou libre, c'est-à-dire l'*instruction* obligatoire, l'Etat français n'a fait qu'interpréter une loi de nature qui oblige tous les hommes à cultiver leur intelligence, chacun selon ses moyens. Sans doute le devoir de s'instruire doit être compris dans un sens large, et personne n'est tenu d'être ce qu'on appelle un savant. Mais on peut dire que c'est une obligation pour tous de se conformer à ces règles générales et pratiques.

1° Il n'est permis à aucun homme de rester, *par sa faute*, dans l'ignorance. — L'ignorance est une honte, et la paresse, qui en est la cause, une faute contre l'esprit.

2º Celui qui a négligé, dans sa jeunesse, de s'instruire de ses devoirs, devoirs relatifs à soi-même, à la famille, aux autres hommes, à la patrie, à Dieu, est responsable de toutes les omissions ou de tous les actes qui sont en opposition avec ces différents devoirs.

3º Quiconque a fait choix d'une carrière, doit se préparer de bonne heure à la bien remplir, par un travail suffisant et consciencieux. Il est impossible d'être bon magistrat si l'on ne connaît les principes de la jurisprudence, bon médecin si l'on ne sait les principes de la médecine, bon artisan si l'on ignore les règles de son métier. Aussi, est-ce encourir une très grave responsabilité que de se risquer à exercer une profession, lorsque par négligence et par paresse, on a omis de s'instruire de ses *devoirs professionnels*.

L'expression de la vérité : véracité et mensonge. — En faisant l'intelligence de l'homme pour la vérité, Dieu a imposé à l'homme des devoirs relatifs à l'expression de cette vérité. « Tu ne mentiras point », c'est-à-dire tu ne te serviras pas de ton intelligence pour faire croire aux autres le contraire de ce qui est vrai : tel est le commandement qui nous défend le *mensonge* et nous oblige à la *véracité*. L'homme loyal et sincère ne cherchera donc pas à tromper autrui et ne dira *que ce qu'il pense*, sans être pour cela tenu *de dire tout ce qu'il pense*. Il existe des cas où nous sommes obligés de garder le silence, même si l'on nous interroge, lorsqu'il s'agit, par exemple, d'une chose qui nous a été confiée sous le sceau du secret. Dans ce dernier cas la *discrétion* nous fait un devoir strict de nous taire ou de nous dérober par des réponses évasives aux questions qui nous sont posées.

Mais ce que nous voulons surtout flétrir ici, c'est le mensonge. Chez les Perses, l'éducation des enfants comprenait trois choses principales : monter à cheval, tirer de l'arc et *dire la vérité*. Le mensonge était aux yeux de ce peuple la faute la plus honteuse que l'on pût commettre. Belle leçon qui nous vient de la morale antique et que nous pouvons encore mettre à profit, après vingt siècles de morale chrétienne!

Le mensonge est une faute, grave ou légère, selon les dommages qu'il cause au prochain. Quant au menteur lui-même, il s'expose à d'amères déceptions dont la plus pénible est celle *de n'être jamais cru*, même lorsqu'il dit la vérité. Tout le monde connaît la fable intitulée *Le menteur puni*. — Au loup! — avait crié le berger Guillot, et tous les bergers du voisinage d'accourir à son secours. Mais de loup, point. Or, un jour, le loup vint réellement, et se rua sur le troupeau. — Au loup! au loup! — appela Guillot.

> « A d'autres, je vous prie,
> Répliqua-t-on, l'on ne nous y prend plus. »
> Guillot le goguenard fit des cris superflus.
> On crut que c'était fourberie
> Et le loup désola toute la bergerie.

Voici maintenant, comme contre-partie, le trait édifiant emprunté à la vie de l'ancien président des Etats-Unis, Washington. « Lorsque Washington était encore enfant, un ami de sa famille lui fit don d'une hachette. Dans sa joie, il n'eut rien de plus pressé que de l'essayer sur tous les arbres du jardin. Entre autres dégâts, il lit une forte entaille à un oranger, arbre favori de son père. Celui-ci voulut savoir quel était l'auteur du méfait. Après avoir interrogé vainement tous les gens de sa maison, il s'adressa à son fils : » Georges, lui dit-il, connais-tu le coupable? Je veux le punir et le punir de telle façon qu'il ne soit pas tenté de recommencer. » L'enfant eut une grande frayeur, mais il n'hésita pas à répondre : « Mon père, je ne puis faire un mensonge, c'est moi qui suis le coupable, punissez-moi. » — « Viens dans mes bras, s'ecria son père. Tu as eu grand tort de mutiler un arbre que j'avais planté et que j'aimais, mais tu m'as dit la vérité et je te pardonne. Ta franchise vaut mieux pour moi que milles arbres, eussent-ils des fleurs d'argent et des fruits d'or. Va, et que l'aventure de l'oranger te rappelle toujours qu'il faut être, quoi qu'il en coûte, véridique et sincère[1]. »

Une des formes les plus hideuses du mensonge est *l'hypocrisie*. Ce vice consiste à se montrer au dehors différent de ce que l'on est au dedans, à faire des actes extérieurs qui sont en contradiction avec les sentiments de son cœur ou avec les habitudes secrètes de sa vie. Hypocrite, l'enfant qui affecte d'être doux, sage, obéissant, devant ses parents et qui, loin de leurs regards, se rend insupportable à tous par son esprit méchant et indiscipliné. Hypocrite, l'écolier qui pour gagner la confiance et les faveurs de son maître se montre à lui toujours soumis, zélé, obséquieux, mais qui, en secret et sournoisement, conseille à ses camarades la paresse ou la révolte. La Bruyère nous a laissé un portrait

---

1. Allou. *Cours de morale et d'instruction civique*, 1883, p. 63.

célèbre de l'homme hypocrite. *Onuphre* n'a pour tout lit apparent qu'une housse de serge, mais il couche sur le coton et sur le duvet. Il y a des livres qu'il ne lit pas, tels le *Combat spirituel*, le *Chrétien intérieur*, l'*Année sainte* : ces livres sont répandus dans sa chambre. Il est d'autres livres beaucoup moins édifiants et qu'il lit : ils sont sous clef. Onuphre a horreur des églises désertes et solitaires, car il n'entre dans une église que pour y être vu : il n'est pas dévot, mais il veut être cru tel[1].

Rejetons l'hypocrisie sous quelque forme qu'elle se présente, car elle avilit les individus, détruit le charme et les avantages des relations sociales, enfin provoque la colère divine[2].

Devoirs relatifs à la volonté. La force d'âme. — Notre volonté a pour objet le *bien*. Par ailleurs, il existe en nous des inclinations perverties appelées *passions* qui nous portent au mal. Ce sont ces passions que nous avons le devoir de combattre, et la vertu par laquelle la volonté exerce sur elles son empire est *la force d'âme*.

Le moyen le plus sûr de rester maître des passions, c'est de les réprimer dès qu'elles se font sentir. L'auteur de l'*Imitation de Jésus-Christ* nous résume en quelques mots, d'une psychologie très observée et très vraie, l'histoire de la passion et il nous indique en même temps de quelle manière nous pouvons en triompher : « Tout d'abord, une simple *pensée* se présente à l'esprit ;

1. La Bruyère. *Caractères. De la mode*, p. 332 et suiv.
2. *Callidi et simulatores provocant iram Dei.* Job, XXXVI.

après vient une vive *imagination*, puis la *délectation*, le *mouvement déréglé*, et enfin le *consentement...* » Il faut veiller surtout au commencement de la tentation ; car on est beaucoup plus fort contre l'ennemi si on ne le laisse point pénétrer dans l'âme, et si on le repousse à l'instant même où il se présente pour entrer. C'est ce qui a fait dire à un ancien : « Arrêtez le mal dès son origine ; le remède vient trop tard, quand le mal s'est accru par de longs délais[1]. »

Le courage. — La force d'âme, lorsqu'elle se manifeste en face de la mort, du danger, de la misère, de la douleur, devient une vertu distincte qu'on appelle le *courage*. Ce qui frappe et enthousiasme le plus les hommes, c'est le *courage militaire*. « L'homme qu'on peut appeler vraiment courageux, dit Aristote, est celui qui reste sans crainte devant une belle mort, devant les périls qui peuvent à chaque instant l'emporter, et ces périls sont surtout ceux de la guerre[2]. » Le chevalier Bayard au pont de Garigliano, Napoléon Ier au pont d'Arcole, sont de magnifiques exemples d'intrépidité guerrière. Qui ne connaît aussi la charge fameuse des cuirassiers français à Reichshoffen ? Nos soldats se battirent avec un tel élan et une telle bravoure que l'empereur Guillaume lui-même ne put retenir ce cri d'admiration : « Ah ! les braves gens ! »

Mais l'exemple type du courage militaire c'est l'épisode fameux de la guerre de 1914-1918 raconté par

1. *Imit. de J.-C.*, trad. par F. de Lamennais, liv. I. ch. XIII, v. 5.

2. *Morale à Nicomaque*, liv. III, ch. VII.

celui qui en fut le héros à jamais célèbre. Poursuivi par les Allemands supérieurs en nombre et trébuchant sur les cadavres de ses camarades le sergent Péricard poussa tout à coup ce cri tragique : « Debout les morts! »[1] Alors on vit se relever, fantômes livides et hagards, une poignée de blessés à bout de sang, on les vit courir à l'ennemi et après un élan victorieux, retomber pour toujours. « Debout les morts! » Cri sublime qu'aucune voix humaine n'avait jeté encore et qui restera comme l'expression la plus forte et peut-être unique du courage sur le champ de bataille.

Malgré la beauté du courage militaire en face de la mort, nous nous demandons si celle du *courage civil* ne mérite pas davantage encore notre admiration. Le soldat sur le champ de bataille est excité, entraîné par tout ce qu'il voit, entend, respire : l'odeur de la poudre, le cliquetis des armes, le roulement des tambours ou les sonneries des trompettes, et surtout le frémissement du drapeau dans les airs.

Le civil, dans la vie ordinaire, n'est pas aussi favorisé, et, pour être un héros, il doit s'entraîner lui-même, à force de volonté et par le seul amour du devoir. Aussi lorsqu'il affronte délibérément, froidement, une mort certaine ou un grave péril, il nous donne un exemple du courage, sous sa forme la plus haute et la plus pure. Tel fut le cas de l'ex-chancelier Morus posant sa tête sur le bloc où il devait être exécuté, plutôt que de céder aux injonctions d'Henri VIII et de renoncer à la foi catholique.

---

1. *Debout les morts*, par le lieutenant Péricard, chez Payot, 106, boulevard Saint-Germain.

Les chroniqueurs de la guerre de 1914-1918 ne manqueront pas de citer aussi comme modèles d'héroïsme civil deux femmes admirables dont le nom appartient désormais à l'Histoire : Miss Edith Cavell[1] et Madame Amélie Rigard, en religion Sœur Julie[2].

Il existe une autre forme de courage qui consiste à supporter, sans plainte ni colère, les maux physiques ou les douleurs morales de cette vie : c'est la résignation ou la *patience*.

La patience. — Ce sont d'abord les maux physiques de cette vie comme la pauvreté, la maladie, la souffrance, que cette vertu nous fait supporter bravement. Par les sacrifices continuels qu'il exige, ce genre de courage est singulièrement méritoire. Il est peut-être

1. Miss Cavell, directrice d'une École normale d'Infirmières à Bruxelles refusa de fuir devant l'invasion et demeura à son poste. Accusée d'avoir caché chez elle des fugitifs anglais, français et belges et de leur avoir fourni l'argent et les vêtements civils qui leur permirent de gagner la frontière, elle fut lâchement assassinée par les Allemands le 12 octobre 1915.

2. Sœur Julie, supérieure de l'hôpital de Gerbéviller (Meurthe-et-Moselle), répondit au maire qui la conjurait de quitter en même temps que lui la ville bombardée et sur le point d'être prise : « Ma Mère supérieure m'a mise à Gerbéviller. J'y reste. » Quelques heures après les Allemands entraient dans Gerbéviller où ils firent un horrible carnage. L'hôpital était plein de blessés français. Un officier allemand y pénètre avec une escorte de soldats. Un revolver dans une main et un poignard dans l'autre, il se précipite vers les pauvres blessés comme pour les achever, mais une femme surgit qui lui barre le chemin au risque de se faire tuer elle-même. « Ne les touchez pas, dit-elle, ils sont blessés. » Désarmé par tant d'audace, l'officier ennemi se retira sans avoir fait de nouvelles victimes. Lire la notice sur Miss Cavell et sur la Sœur Julie dans *Souvenons-nous*, histoire de la guerre de 1914-1918 pour les écoles primaires, Hatier, éditeur.

aussi moins fréquent. Car, il faut bien l'avouer, la richesse et la santé font envie à tous les hommes et quelques-uns seulement, soit par résignation chrétienne, soit — ce qui est plus rare — par philosophie stoïque, endurent, sans se plaindre, l'aiguillon de la souffrance ou de la pauvreté. Mais remarquons que la patience n'est pas la *passivité* et qu'elle n'exclut pas une certaine activité, ayant pour but d'améliorer le mal dont on souffre. L'adversité est une épreuve, mais elle est aussi un aiguillon. A moins donc d'aimer la pauvreté et la douleur pour elles-mêmes, comme font les saints, il est permis, sans perdre pour cela le mérite de sa patience, de s'ingénier à se procurer un peu de santé ou d'aisance. On reconnaît là une des formes de ce qu'on appelle *l'esprit d'initiative.*

La patience nous est encore nécessaire pour endurer les souffrances morales qui viennent assaillir notre cœur : amères déceptions causées par l'ingratitude et la trahison, peines intimes que nous cachons aux autres, mais qui nous dévorent comme un ver rongeur, brisements douloureux, inconsolables chagrins produits par les séparations et par la mort, etc. Il peut arriver qu'une patience ferme dans quelqu'une de ces circonstances si pénibles touche la sublimité et atteigne ce grand et haut courage qui s'appelle *l'héroïsme.*

Qui ne saluerait comme une héroïne cette duchesse de Chevreuse qui, pendant la guerre de 1870, alla ramasser elle-même le corps de son fils, tombé à quelque distance de son château, en combattant contre les Prussiens, le fit transporter dans sa chapelle, veilla près de lui toute une nuit, et, le lendemain matin, à la messe, fut assez forte, assez maîtresse d'elle-même, pour s'avancer jusqu'à la table sainte et faire la communion pour son enfant mort?

« Lorsque je vis venir à l'autel, raconte l'aumônier, cette femme pâle comme une morte, cette mère héroïque qui devait passer devant le cadavre de son fils pour arriver jusqu'à Dieu, je fus saisi d'une émotion que je ne puis rendre et, toute ma vie, je me souviendrai d'avoir eu, dans ce rapide instant, la vision la plus belle qui soit de la force et de la résignation dans la douleur. »

La colère. — Le défaut opposé à la vertu de patience est la *colère*. Sénèque l'appelle une « courte folie » et il nous trace le portrait suivant de l'homme irascible : « Ses yeux s'enflamment, un rouge éclatant couvre son visage, le sang bouillonne dans les cavités de son cœur, ses lèvres tremblent, ses dents se serrent, ses cheveux se dressent, sa respiration est gênée et bruyante... tout son corps est agité, tous ses gestes sont des menaces : tel est le portrait hideux et repoussant de celui que décompose et gonfle la colère. » On ne saurait donc, ajoute le même philosophe, se prémunir avec trop de soin contre cette passion « la plus hideuse et la plus effrénée de toutes. » Un double remède consiste à repousser sur le champ les premières provocations de la colère et à fuir toutes les occasions qui sont de nature à les faire naître. Entre toutes ces occasions, nous signalons comme la plus dangereuse l'*alcoolisme* : rien n'alimente plus la colère que l'intempérance [1].

1. Cf. Sénèque. *Traité de la Colère.*

La dignité personnelle. Respect de soi-même. —
L'homme considéré comme personne morale, c'est-à-
dire comme un être *raisonnable* et *libre*, possède une
dignité qui lui fait un devoir de se respecter lui-même.
« Il y a dans l'homme, comme le disaient les stoïciens,
un dieu intérieur : c'est l'essence humaine dont l'individu n'est que le dépositaire et qu'il doit conserver
sainte comme une divine hostie [1]. » Ce respect de la
personne humaine s'appelle l'*honneur*.

L'homme d'honneur se respecte, mais il veut aussi
être respecté : il tient à l'estime et à la bonne opinion
des gens de bien. « Nous avons une si grande idée de
l'âme de l'homme, dit Pascal, que nous ne pouvons
souffrir d'en être méprisés et de n'être pas dans l'estime
d'une âme... Quelque avantage qu'il (l'homme) ait sur
la terre, s'il n'est placé aussi avantageusement dans la
raison de l'homme, il n'est pas content. C'est la plus
belle place du monde : rien ne peut le détourner de ce
désir, et c'est la qualité la plus ineffaçable du cœur de
l'homme. » Et Pascal ajoute : « Qui ne mourrait pour
conserver son honneur, celui-là serait infâme [2]. »

Il faut distinguer le faux honneur de l'honneur vrai.
Le premier nous porte à rechercher avant tout la considération, les louanges des hommes et estime avoir
assez fait pour la dignité humaine si l'on en sauvegarde
les apparences par les apparences mêmes de l'honnête.
Le second, au contraire, nous incline à n'attacher
d'importance à la réputation d'honnêteté vis-à-vis des
autres qu'autant que cette réputation existe déjà vis-à-

1. P. Janet. *Ouv. cit.*, p. 256.
2. Pascal. *Pensées*. Edit. Havet, 1877, p. 20 et 26.

vis de nous-mêmes. Le faux honneur est superficiel et
sans valeur morale : l'honneur vrai a ses racines dans
la conscience et il est un élément de moralité[1].

Le juste sentiment de la dignité humaine s'appelle
encore *fierté*.

L'orgueil. — Il ne faut pas confondre la fierté dont
nous venons de parler avec l'*orgueil*. Notre fierté vient
de ce que nous nous sentons être une personne humaine,
et ce sentiment est une qualité ; notre orgueil, au contraire, vient de ce que nous nous apprécions outre
mesure comme telle personne, tel individu, et ce sentiment est un défaut. La fierté d'être un homme raisonnable et libre est inspirée par l'amour de la dignité
humaine, en général ; l'orgueil n'est que l'amour res-
treint de soi-même, ou l'*amour-propre*. Les causes de
l'orgueil sont multiples. On peut s'enorgueillir de ses
richesses, de ses titres de noblesse, de ses avantages
physiques ou intellectuels, etc. Dans chacun de ces cas
l'amour déréglé de soi-même peut être plus ou moins
excessif et, conséquemment, le péché d'orgueil plus ou
moins grave. L'orgueil est le plus détestable de tous
les vices et doit être corrigé sans pitié. On nous a
raconté l'histoire suivante : Le jeune fils d'un riche
marquis vantait sans cesse la fortune et les titres de
noblesse de son père, il était dur et méprisant pour les
domestiques, et, s'il rencontrait quelqu'enfant pauvre
du voisinage, il passait à côté de lui fier et dédaigneux

1. Voir les pages si attachantes de M. l'abbé Calvet sur le
*Renouvellement du sentiment de l'honneur. Pour refaire la
France*. Beauchesne, 1919, II, p. 69 et suiv.

comme un petit paon. Le père du jeune orgueilleux, ayant constaté que toutes ses remontrances étaient vaines, inventa un stratagème qui , cette fois, réussit. Un jour, il fit venir son fils dans sa chambre, ferma les portes avec précaution, prit un ton solennel et dit : « Jacques, j'ai attendu jusqu'à ce jour pour vous révéler un grand secret : votre fierté et votre arrogance m'obligent à tout vous dire. Vous n'êtes qu'un enfant trouvé, plus pauvre, plus misérable que tous les petits enfants que vous méprisez, et si vous voulez que je vous garde dans ma maison et que je continue à vous servir de père, il vous faudra changer de conduite, être simple et modeste. » Jacques se retira confus et troublé, devint d'une humilité exemplaire et se montra bon et charitable envers les pauvres qu'il aimait maintenant comme des frères. Enfin le marquis, jugeant que le coupable s'était suffisamment amendé, lui fit part du subterfuge dont il s'était servi pour le guérir du mal de l'orgueil.

Lorsque l'orgueil a pour objet des avantages purement matériels comme ceux-ci, par exemple, monter un beau cheval, habiter un hôtel fastueux, être environné d'un nombreux domestique, etc., on lui donne de préférence le nom de *vanité*. La vanité se complaît jusque dans les plus petites choses et elle est encore plus ridicule qu'odieuse.

Il arrive aussi que l'on s'enorgueillit des agréments du corps, d'une fine taille, d'un joli visage, d'une riche toilette. C'est le plus bas degré de la vanité : on le nomme *coquetterie* ou *frivolité*. Plusieurs, dit saint François de Sales, « se prisent et regardent pour des moustaches relevées, pour une barbe bien peignée, pour des cheveux crêpés, pour des mains douillettes, pour sçavoir danser, jouer, chanter... La gloire qu'on prend à de si faibles sujets s'appelle sotte et frivole [1]. »

Qui ne connaît aussi cette description fameuse de l'âme coquette, par Bossuet ? « Ce corps qui lui est uni si étroitement, mais qui toutefois est d'une nature si inférieure à la sienne, devient le plus cher objet de ses complaisances. Elle tourne tous ses soins de ce côté-là : le moindre rayon de beauté qu'elle y aperçoit suffit pour l'arrêter : elle se mire pour ainsi parler, et se considère elle-même dans ce corps : elle croit voir dans la douceur de ces regards et de ce visage la douceur d'une humeur paisible ; dans la délicatesse des traits la délicatesse de l'esprit ; dans ce port et cette mine relevée la grandeur et la noblesse du courage. » Et le grand évêque ajoute : « A quoi es-tu réduite, âme raisonnable ? Toi qui étais née pour l'éternité et pour un objet immortel, tu deviens éprise et captive d'une fleur que le soleil dessèche, d'une vapeur que le vent emporte ! [2] »

Modestie et humilité. — La vertu opposée à l'orgueil est la *modestie*. Être modeste c'est avoir le juste sentiment de ce que l'on est et de ce que l'on vaut. Or, comme nous sommes et comme nous valons toujours

1. Saint François de Sales. *Introduction à la vie dévote*, III, 4.

2. Bossuet. *Sermon pour la profession de Mme de la Vallière*.

bien peu de chose en comparaison de l'idéal que nous poursuivons sans cesse sans jamais l'atteindre, il n'y a jamais lieu de manquer à la vertu de modestie. « Si vous croyez beaucoup savoir, dit l'auteur de l'*Imitation*, souvenez-vous que c'est peu de chose près de ce que vous ignorez. » Et qu'est-ce aussi qu'un pâle rayon de beauté humaine comparé à l'éternelle et essentielle Beauté? Enfin, que valent tous les titres de noblesse en face de la puissance souveraine de Celui qui règne dans les cieux, et à qui seul appartient la gloire, la majesté et l'indépendance[1] ? » Sans doute, il est permis de se réjouir de ses dons naturels ou acquis, et du profit que nous pouvons en tirer, mais à la condition que ce sentiment ne soit pas accompagné de vaines complaisances pour soi-même.

Les philosophes distinguent de la vertu de modestie celle d'*humilité*. « La modestie, dit Paul Janet, a rapport à l'individu, l'humilité a rapport à la nature humaine en général. De même que la dignité et la fierté sont les vertus qui naissent du juste sentiment de la grandeur humaine, l'humilité est la vertu qui naît du juste sentiment de la faiblesse humaine. Souviens-toi que tu es un homme et ne te laisse pas avilir : voilà le respect de soi-même. Souviens-toi que tu n'es qu'un homme, et ne te laisse pas enorgueillir : voilà l'humilité[2]. »

Une condition essentielle pour garder la modestie et l'humilité est de se bien connaître et de ne point s'aveugler sur ses défauts. La connaissance de nous-

1. Bossuet. *Oraison funèbre de Henriette-Marie de France.*
2. P. Janet. *Ouv. cit.*, p. 260.

mêmes nous est fournie par la pratique salutaire de l'*examen de conscience*. Souvenons-nous de la « poutre » de l'Évangile et portons toujours nos défauts dans « la poche de devant[1] ».

1. Cf. *Évangile selon saint Mathieu*, ch. VII, et la fable de La Fontaine intitulée *La Besace*.

RÉSUMÉ

1. — La règle de conduite qui doit présider à toutes nos actions s'appelle le *devoir*.

2. — Il y a plusieurs espèces de *devoirs* : 1º Les devoirs envers soi-même ; 2º Les devoirs envers la famille ; 3º Les devoirs envers la société ; 4º Les devoirs envers la patrie ; 5º Les devoirs envers Dieu.

3. — Les devoirs envers soi-même se divisent en deux classes : les devoirs relatifs au *corps* et les devoirs relatifs à l'*âme*.

4. — Tous les devoirs envers notre corps se résument dans le *devoir de conservation*. Aucun homme n'a le droit de se détruire, soit tout d'un coup, par le *suicide*, soit lentement par l'*alcoolisme*. La *tempérance*, la *chasteté*, les *exercices physiques*, la *propreté*, sont autant de devoirs particuliers envers notre corps.

5. — Les *biens extérieurs*, qui sont avant tout des biens du corps, s'acquièrent par le *travail*. Le travail n'est pas seulement une *nécessité*, il est un *devoir*. Il y a deux sortes de travail : le travail *intellectuel* et le travail *manuel*. Tous les deux ont leur dignité et leur noblesse : l'essentiel est de travailler. Celui qui gaspille le temps et vit dans l'oisiveté est un être inutile et méprisable.

6. — Deux défauts sont à éviter dans l'usage des biens extérieurs : l'*avarice* et la *prodigalité*. De plus, il faut pratiquer l'*économie* et éviter les *dettes*. Enfin, c'est faire un mauvais usage des biens extérieurs que de les exposer aux caprices du hasard par le *jeu*.

7. — Les devoirs envers l'âme sont de deux sortes, selon qu'ils se rapportent à l'*intelligence* ou à la *volonté*.

8. — Les devoirs relatifs à l'*intelligence* sont : la recherche de la vérité ou le devoir de s'*instruire*, l'expression de la vérité ou le devoir d'éviter le *mensonge*. Une des formes les plus hideuses du mensonge est l'*hypocrisie*.

9. — Le premier des devoirs envers la *volonté* consiste à dominer les *passions* ou inclinaisons perverties qui nous portent au mal. L'accomplissement de ce devoir s'appelle la *force d'âme*. La force d'âme en face du danger, de la douleur et de la mort, s'appelle le *courage*. Il y a le courage *civil* et le courage *militaire*. La *patience* est une forme du courage : son défaut opposé est la *colère*. Le courage au plus haut degré qu'il puisse atteindre s'appelle l'*héroïsme*.

Un autre devoir envers la volonté est le *respect de soi-même* ou sentiment de la *dignité personnelle*. Le respect de la personne humaine s'appelle l'*honneur*. Il faut distinguer le *faux* honneur de l'honneur *vrai*. Le premier nous fait rechercher l'estime et les louanges des autres, que nous les méritions ou non. Le second ne nous les fait apprécier qu'autant que nous avons commencé par en être dignes. Le juste sentiment de la dignité humaine s'appelle encore *fierté*. Il ne faut pas confondre cette fierté légitime avec l'*orgueil*, ou estime déréglée de soi-même. La *vanité*, la *coquetterie*, la *frivolité* sont des formes de l'orgueil. Les vertus opposées à l'orgueil sont la *modestie* et l'*humilité*. Le moyen le plus sûr de rester humble et modeste est de se bien connaître : la connaissance de nous-mêmes nous est fournie par la pratique fréquente de l'*examen de conscience*.

CHAPITRE III

DEVOIRS ENVERS LA FAMILLE ET ENVERS L'ÉCOLE

1. *La Famille.*

Parents et enfants. — Les parents et les enfants ont des devoirs réciproques.

Les devoirs des enfants envers leurs parents sont l'*obéissance*, le *respect*, l'*amour* et la *reconnaissance*.

Les enfants sont incapables de se conduire eux-mêmes : ils ont besoin d'une main qui les guide et d'un cœur qui veille sur eux. Cette délicate mission incombe aux parents, mais elle ne peut être remplie efficacement qu'avec le concours des enfants par l'*obéissance*.

Nos parents ont pour eux l'expérience, la sagesse, les *grâces* d'état, et c'est à leur école que nous devons faire le premier apprentissage de la vie. Or, tout apprentissage suppose un maître qui commande et un élève qui obéit.

Nos parents sont les auteurs de nos jours et, à ce titre, la loi naturelle nous fait une obligation de les environner de toutes sortes d'égards, de prévenances, d'estime, enfin, pour employer le mot de Platon, « d'un religieux respect ». La loi divine elle-même nous fait de ce respect un commandement formel :

« Honore ton père et ta mère, afin de vivre longtemps sur la terre. »

Un autre devoir des enfants envers leurs parents est celui de les *aimer*. L'enfant qui n'aime pas ses parents est un monstre d'ingratitude que Dieu et les hommes ont en horreur. L'obligation si douce et si naturelle de l'amour filial ne se prouve pas : elle se sent. Comment, en effet, ne pas aimer ceux qui ont veillé sur nos premiers pas dans la vie avec une sollicitude au-dessus de toute épreuve, et une tendresse si forte et si constante?

Une des principales manifestations de l'amour filial est la *reconnaissance*. Ce devoir envers les parents entraîne l'obligation de les aider dans leurs travaux, de les soulager dans leurs maladies, de venir à leur aide dans leurs vieux jours. « Qui délaisse son père et sa mère en leurs nécessités, qui demeure sec et froid à la vue de leurs souffrances et de leur dénuement, je vous le dis en vérité, son nom est écrit au livre du souverain juge parmi ceux des parricides[1]. »

Cette évocation du souverain juge nous fait ajouter que la reconnaissance des enfants pour leurs parents doit s'étendre au delà de cette vie. La mort n'est pas un adieu éternel, mais seulement une séparation plus ou moins longue. Ceux qui demeurent doivent garder le souvenir pieux de ceux qui sont partis, et — il ne

---

1. Lamennais. *Livre du Peuple*, XII.

faut pas avoir peur de le dire — le meilleur souvenir que l'on puisse donner à ses morts consiste à prier pour eux. Nous voudrions que ces beaux vers de Victor Hugo[r] à sa fille soient gravés en lettres d'or dans tous les cœurs des enfants.

« Oh ! dis-moi, quand tu vas, jeune et déjà pensive,
Errer au bord d'un flot qui se plaint sur sa rive,
Sous des arbres dont l'ombre emplit l'âme d'effroi,
Parfois, dans les soupirs de l'onde et de la brise,
N'entends-tu pas de souffle et de voix qui te dise
—Enfant ! quand vous prierez, prierez-vous pas pour moi ?—

C'est la plainte des morts ! Les morts pour qui l'on prie
Ont sur leur lit de terre une herbe plus fleurie.
Nul démon ne leur jette un sourire moqueur.
Ceux qu'on oublie, hélas ! leur nuit est froide et sombre ;
Toujours quelque arbre affreux, qui les tient sous son ombre,
Leur plonge sans pitié ses racines au cœur !

Prie ! afin que le père, et l'oncle et les aïeules,
Qui ne demandent plus que nos prières seules,
Tressaillent dans leur tombe en s'entendant nommer,
Sachent que sur la terre on se souvient encore,
Et, comme le sillon qui sent la fleur éclore,
Sentent dans leur œil vide une larme germer ! » [1]

De telles obligations ne sont que la conséquence logique des devoirs des parents envers leurs enfants. Voici quels sont ces devoirs : *l'entretien de la vie matérielle,* c'est-à-dire la nourriture et l'habillement, puis *l'éducation* et *l'instruction.*

L'obligation pour les pères et mères de nourrir et de

---

1. V. Hugo. *Les Feuilles d'Automne. La Prière pour tous.*

vêtir leurs enfants est tellement évidente qu'il n'y a pas lieu d'y insister. Quiconque donne la vie à un être s'engage par le fait même à lui fournir tout ce qui est nécessaire à l'entretien de cette vie, jusqu'à ce qu'il soit en état de se suffire.

En plus de cette éducation toute matérielle, il en est une autre plus importante et plus grave : c'est l'éducation morale et intellectuelle ou la formation de l'intelligence et de la volonté.

L'éducation morale de l'enfant commence, de bonne heure, au sein de la famille, et les parents ne sauraient apporter trop de soin à cette grave fonction qui consiste à former une volonté, un caractère. Cette formation est très complexe. Corriger les défauts naissants, favoriser l'éveil des nobles sentiments et des bons désirs, inspirer le goût du bien et l'horreur du mal, affermir la conscience droite, rectifier la conscience fausse, habituer à l'amour désintéressé du devoir, « tourner l'âme tout entière », selon le mot de Platon, vers l'idéal de toute beauté, de toute sainteté et de toute justice ou Dieu : tel est dans ces lignes essentielles le programme de l'éducation morale des enfants, et les parents ont le devoir de le remplir. Ils faciliteront singulièrement leur tâche, s'ils prennent soin de donner eux-mêmes *l'exemple* sur ces différents points. La force entraînante de l'exemple n'avait pas échappé à l'observation des philosophes antiques et, si l'on en croit Xénophon [1], Socrate tant de fois pressé de dire si la vertu pouvait s'enseigner aurait répondu : « Le

---

1. Xénophon. *Mémorables*, IV, chap. IV.

meilleur maître de vertu est l'exemple. L'action est plus convaincante que la parole. » Nous savons aussi que le Christ a dit à ses apôtres : « Je vous ai donné l'exemple afin que ce que j'ai fait, vous le fassiez [1]. »

Heureux donc le jeune homme qui peut, comme l'empereur Marc-Aurèle, se tracer le programme de vie suivant : « Imiter ma mère, m'abstenir comme elle non seulement de faire le mal, mais même d'en concevoir la pensée [2]. »

Les parents doivent encore à leurs enfants l'éducation intellectuelle ou *l'instruction*. Ils peuvent se dispenser de donner eux-mêmes cette instruction, mais ils sont rigoureusement obligés de la faire donner, dans la proportion de leurs ressources, soit chez eux, soit à l'école.

De plus, c'est le devoir et par conséquent le droit des parents de veiller sur l'enseignement que reçoivent leurs enfants, et d'exiger que la morale et la religion y soient toujours respectées.

Frères et sœurs. — Leur premier devoir est de *s'aimer* mutuellement. « Pour inspirer l'affection, disait Socrate, c'est beaucoup d'être nés des mêmes parents, c'est beaucoup d'avoir été nourris ensemble, puisque les animaux eux-mêmes ont une sorte de tendresse pour ceux qui ont été nourris avec eux [3]. »

1. Saint Jean, XIII, 15.

2. Cf. C. Martha. *Les moralistes sous l'empire romain.* Paris, 1865, p. 176.

3. Xénophon. *Mémoires sur Socrate,* t. II, chap. III.

« Quelle douceur ineffable, s'écriait Silvio Pellico, n'y a-t-il pas dans cette pensée : nous sommes les enfants d'une même mère ! [1] » Si l'on veut voir maintenant l'amitié fraternelle en action, il faut lire les pages charmantes écrites sur ce sujet par le grand polémiste Louis Veuillot : « Mon frère [2] et moi nous allions ensemble à l'école, nous revenions ensemble au logis ; le matin, je portais le panier parce que nos provisions le rendaient plus lourd, c'était lui qui le portait le soir... Si j'étais au pain sec, il savait bien me garder la moitié de ses noix et la moitié de sa moitié de pomme. Une fois, il vint en pleurant, et pourtant il apportait un morceau de sucre, un grappillon de raisin et quelque reste de rôti. Festin de roi ! Je m'informais de ce qui le faisait pleurer : « Ah ! me dit-il, la soupe était si bonne, mon frère ! [3] »

Les frères et sœurs ont donc le devoir de s'aimer les uns les autres, ils ont aussi celui de *s'aider* entre eux. Les plus âgés doivent la protection aux plus jeunes, les plus forts aux plus faibles. Lorsque les membres d'une même famille s'aiment, se recherchent, se protègent et s'aident mutuellement, ce fait constitue un état d'esprit qui est de moins en moins répandu mais qu'il faut à tout prix empêcher de disparaître : c'est *l'esprit familial*.

Enfin parmi les devoirs fraternels, nous signalerons

1. Silvio Pellico. *Des devoirs de l'homme*, ch. XII.

2. Eugène Veuillot, plus jeune de cinq ans que son frère Louis.

3. Louis Veuillot. *Les libres penseurs*. Livre supplémentaire.

encore celui *du bon exemple*. Les aînés de la famille ne doivent jamais oublier qu'ils sont observés de très près par les plus jeunes et, la plupart du temps, imités par eux dans leur bonne ou mauvaise conduite.

Maîtres et serviteurs. — Les devoirs d'un maître à l'égard de ses domestiques peuvent se résumer ainsi : *surveillance* et *fermeté, confiance* et *bonté.*

Il est nécessaire tout d'abord que les serviteurs se sachent surveillés et comme suivis par « l'œil du maître ». Une maison où le travail, les dépenses, la conduite des domestiques ne sont jamais contrôlés, est une maison vouée au désordre, sinon à la ruine. Les maîtres doivent exercer cette surveillance avec une grande fermeté et ne point garder à leur service des gens qu'ils ont surpris en grave délit de paresse, de vol ou d'inconduite.

La surveillance n'exclut point la confiance. Les domestiques trouvent tout naturel de recevoir des ordres, mais ils ne peuvent supporter d'être harcelés, contrôlés à chaque instant, et jusque dans les moindres détails de leur besogne. Il est donc très important de leur laisser une certaine initiative dans l'accomplissement de leurs fonctions. On leur prouve ainsi qu'on a confiance en eux et on ne les prive point de ce qu'on a appelé, avec juste raison, le ressort le plus énergique de la volonté humaine : la responsabilité et l'honneur. Mais il ne suffit pas de témoigner de la confiance à nos serviteurs : il faut y ajouter de la bonté. « Traitez votre inférieur, comme vous voudriez être traité par votre supérieur », disait Sénèque. On connaît aussi la parole de Celui qui est venu proclamer le grand principe de la fraternité humaine et de l'égalité de tous les hommes devant Dieu : « Ne vous enorgueillissez pas d'être appelés maîtres par vos semblables, car un seul est votre maître et vous êtes tous frères... Aimez-vous les uns les autres [1]. » Cette bonté des maîtres envers les domestiques ne doit pas s'exercer seulement dans les rapports obligatoires « du service », elle doit se montrer surtout lorsque les intérêts supérieurs de l'âme sont en jeu. Nous voulons dire que les maîtres ont à remplir à l'égard de leurs serviteurs un double devoir de charité qui consiste à favoriser leur perfectionnement moral et l'accomplissement de leurs devoirs religieux. Il ne faut pas oublier que l'autorité est une responsabilité : ceux qui commandent ont charge d'âme.

En revanche, les serviteurs ont des obligations envers leurs maîtres. Les domestiques, dit Paul Janet [2], doivent au maître : 1º une *honnêteté* inviolable. Comme ce sont eux, en définitive, qui traitent au dehors et font la dépense, le trésor de la famille est entre leurs mains. Plus on est obligé de se confier à eux, plus il est de leur honneur de s'interdire la plus légère infidélité ; 2º ils doivent l'*obéissance* et l'*exactitude* dans les choses qui sont de leur service ; 3º autant que possible, ils doivent s'attacher à la maison où ils servent ; plus longtemps ils y restent, plus ils sont considérés comme faisant partie de la famille, plus ils y obtiennent les égards et l'affection que l'on doit à l'âge et à la fidélité.

1. S. Math., chap. XXIII. — S. Jean, XV, 17.
2. P. Janet. *Ouv. cit.*, p. 37.

2. *L'Ecole.*

Nécessité et influence de l'école. — Il arrive souvent que les parents, faute de temps ou de compétence suffisante, ne peuvent donner à leurs enfants l'instruction à laquelle ils ont droit. D'où la nécessité de l'école qui est comme une extension de la famille. Le maître d'école est le représentant autorisé des pères et mères et le continuateur de l'œuvre qu'ils n'ont fait qu'ébaucher. Or, cette œuvre comprend à la fois l'instruction et l'éducation proprement dite ; concluons donc que celui qui enseigne doit, pour remplir toute sa fonction, se préoccuper d'être *éducateur*, au sens complet du mot.

L'influence de l'école sur la vie individuelle et sur la vie sociale des hommes est considérable. Tout dépend des premières semences, a dit fort justement Platon. Aussi, depuis plusieurs années, la question scolaire n'a cessé de prendre une importance de plus en plus grande dans l'esprit des philosophes et des législateurs. A l'heure présente, tous les états civilisés luttent à l'envi sur le terrain scolaire afin de donner aux écoles le plus grand perfectionnement possible, comme si chacun d'eux avait la noble ambition de justifier pour son compte personnel cette parole de J. Simon : « Le peuple qui a les meilleures écoles est le premier peuple ; du moins il le sera demain. »

Les « meilleures écoles » sont celles où maîtres et élèves remplissent le mieux leurs devoirs réciproques. Quels sont ces devoirs ?

1° Devoirs des élèves envers le maître. — Ils se réduisent à deux principaux : le *respect* et l'*obéissance.*

Les élèves sont tenus à l'égard de leur maître au même respect qu'envers leurs parents. En effet, l'instituteur représente la famille dont il est le mandataire, et, à ce titre, il est investi d'une autorité qui n'est autre que l'autorité paternelle elle-même.

Une des principales formes du respect, à l'école, c'est l'obéissance. Elle exige des élèves tout un ensemble de devoirs que l'on peut ramener à trois principaux : 1° assiduité, 2° travail, 3° discipline.

Par assiduité, nous entendons ici la fréquentation quotidienne de la classe, à moins d'empêchement légitime. L'enfant qui, au lieu d'aller en classe, s'amuse à faire « l'école buissonnière », offense à la fois Dieu, sa famille, les lois de son pays et lui-même. Ses torts envers Dieu et envers ses parents sont évidents ; sa culpabilité envers les lois de son pays et envers lui-même n'est pas difficile à prouver. En effet, la loi française a décrété que l'instruction était *obligatoire pour tous*, et l'on sait que, par ailleurs, la loi morale impose à tout être intelligent le devoir de ne négliger aucune occasion de s'instruire.

C'est par un travail consciencieux de chaque jour que l'on s'instruit, et, ce travail qui nous est préparé, sagement mesuré dans notre jeunesse par un maître intelligent et dévoué, doit être fait avec soin et exactitude. L'enfant qui perd son temps à l'école sera responsable plus tard des fautes que son ignorance lui fera commettre, et, par suite, coupable, parce que cette ignorance aura été volontaire. »

Enfin, la discipline, à l'école, est absolument nécessaire et les élèves sont rigoureusement obligés de l'observer. Heures d'arrivée et de sortie pour les classes, temps fixé pour le travail, les récréations, les jeux, les promenades : tous ces différents points sont déterminés à l'avance sur le programme et aucun élève ne doit y manquer, à moins d'une raison valable.

2º Devoirs du maître envers ses élèves. — Ces devoirs peuvent se résumer en deux mots : *Compétence* et *dévouement*.

Il faut commencer par savoir soi-même ce que l'on veut apprendre aux autres : c'est une condition essentielle et absolument indispensable pour enseigner avec profit. Celui qui aurait la témérité de vouloir faire la classe sur des matières qu'il ne connaît pas ou qu'il possède mal, se rendrait coupable d'injustice envers les élèves qu'il laisse dans l'ignorance, et envers les familles dont il trompe la confiance. C'est pour empêcher un tel état de choses que l'État exige de tous les candidats à l'enseignement des brevets qui sont une garantie nécessaire, et, en général, suffisante.

La compétence s'*acquiert* par le travail et elle se *conserve* par le même moyen. Pour rester à la hauteur de sa tâche de tous les jours il ne faut jamais cesser d'étudier, et, comme l'eût dit Montaigne, il faut remplir notre étui à mesure qu'il se vide.

Le dévouement, pour un instituteur, consiste à se donner tout entier à sa fonction. Celui qui enseigne doit aller à ses disciples avec toute son âme, esprit et cœur. Il puisera au trésor de son cœur la bonté, la patience, le désintéressement dans l'accomplissement de ses devoirs et aussi un vif sentiment de ses responsabilités. Et s'il était besoin d'un stimulant à ce dévouement, il suffirait au maître d'école de se souvenir que dans cet enfant qu'il instruit et élève, il façonne l'homme, le citoyen futur, et que, par conséquent, il accomplit une œuvre de haute valeur civique, morale et religieuse[1].

Devoirs envers les camarades. — En plus de ces rapports de maîtres à élèves et d'élèves à maîtres, il y a ceux d'élèves à élèves qui constituent la *camaraderie*, et par conséquent, de nouveaux devoirs dont il nous reste à parler.

Les camarades d'une même école doivent *s'aimer* les uns les autres. Tout ce qui est contraire à la charité : jalousies, délations, querelles, injures, coups, ne doit jamais exister entre eux. Une habitude particulièrement odieuse entre camarades est celle de *dénoncer*, de *rapporter*, c'est ce que nous avons appelé la délation. Cette tendance révèle toujours un mauvais fond d'hypocrisie et de bassesse, et l'instituteur doit prendre bien garde de ne jamais l'encourager chez certains élèves, comme moyen de *discipline*, sous prétexte d'être renseigné. Rien ne plaît tant chez un homme que la loyauté et la franchise, et c'est l'en priver pour toujours que de l'habituer dans son enfance à des procédés d'âme sournoise et hypocrite.

---

1. Sur le « rôle » et sur « l'influence » du maître d'école, voir nos *Éléments de Psychologie et de Morale*, p. 188 et suiv.

Les élèves d'une même école doivent aussi se donner mutuellement *le bon exemple*. Les plus grands surtout n'oublieront jamais que leurs camarades plus petits sont très enclins à les imiter, et ils auront à cœur d'être toujours des modèles de travail et de bonne conduite.

RÉSUMÉ

1. — Les parents et les enfants ont des devoirs réciproques.

Les devoirs des enfants envers leurs parents sont : l'*obéissance*, le *respect*, l'*amour* et la *reconnaissance*.

Les parents ont comme devoirs envers leurs enfants de les *nourrir*, de les *vêtir*, de leur donner l'*éducation* et l'*instruction*.

2. — Les frères et les sœurs ont pour premier devoir de *s'aimer les uns les autres*. Ils ont aussi celui de *s'aider* entre eux. Les aînés sont tenus de donner le *bon exemple* aux plus jeunes.

3. — Les maîtres ont des devoirs envers leurs serviteurs. On peut les résumer ainsi : *surveillance* et *fermeté*, *confiance* et *bonté*. Les bons maîtres ne se désintéressent pas du perfectionnement moral et religieux de leurs serviteurs : ils le favorisent.

Les domestiques sont tenus envers leurs maîtres à l'*honnêteté*, à l'*obéissance* et à l'*exactitude*.

4. — L'école est une extension de la famille. L'instituteur est le représentant des pères et mères et le continuateur de leur œuvre. L'influence du maître d'école est considérable, car, dans les vies humaines, « tout dépend des premières semences ».

Les devoirs des élèves envers les maîtres se réduisent à deux principaux : le *respect* et l'*obéissance*.

A leur tour les élèves sont en droit d'exiger de leurs maîtres la *science* et le *dévouement*.

Les camarades d'une même école ont aussi des devoirs réciproques. Ils doivent s'*aimer* les uns les autres, se donner le *bon exemple*, éviter entre eux les *dénonciations*, les *rapports*.

CHAPITRE IV

DEVOIRS ENVERS LES HOMMES EN GÉNÉRAL
DEVOIRS SOCIAUX

Nécessité et bienfaits de la société. — Jean-Jacques Rousseau a soutenu que l'état de société n'était pas naturel à l'homme. Pourquoi, dit-il, un homme aurait-il besoin d'un autre homme, plus qu'un singe ou un loup de ses semblables? Or, l'expérience qui nous montre l'homme toujours à la recherche de l'homme, donne au paradoxe de Rousseau le plus formel démenti. C'est un véritable instinct naturel qui nous pousse à rechercher la société de nos semblables, et cet instinct correspond à un besoin, à une nécessité. Que l'homme ait besoin de l'homme, c'est un fait d'expérience qui n'est pas à prouver. Ce besoin lui-même correspond à un désir profond et insatiable qui travaille l'humanité : le désir du progrès. Le progrès n'est possible qu'autant que les hommes s'unissent pour l'accomplir. Or, cette union, c'est précisément l'état social, c'est-à-dire la division du travail, qui permet à chacun de se spécialiser et, comme on l'a dit, de reprendre haleine, son office rempli, en se reposant sur la communauté. Est-il besoin d'ajouter que, dans nos rapports avec nos semblables, nous trouvons non seulement l'utilité, mais aussi l'agrément? Quoi de plus doux que cet échange continuel de pensées et de sentiments avec des êtres qui nous ressemblent, nous comprennent, nous aiment et nous le disent?

Fondements de la société. — Les deux conditions essentielles de toute société sont la *justice* et la *charité*. « Ne faites pas à autrui ce que vous ne voudriez pas qu'on vous fît. » « Faites à autrui ce que vous voudriez qu'on vous fît. » Ces deux admirables maximes de l'Évangile renferment tous les principes de la morale sociale. La première qui correspond à la justice défend de faire le mal ou oblige à réparer le mal déjà fait. La seconde, qui correspond à la charité, prescrit de faire le bien.

La justice est strictement obligatoire; la charité, comme l'a dit V. Cousin « a sa beauté dans sa liberté », ce qui signifie qu'elle ne peut pas être imposée par la force, bien qu'elle soit prescrite par la loi morale.

Division des devoirs sociaux. — D'après ce que nous venons de dire, il faut donc diviser nos devoirs envers les autres hommes en deux groupes : les devoirs de justice et les devoirs de charité.

1º LES DEVOIRS DE JUSTICE. — Ces devoirs nous obligent à respecter chez nos semblables : 1º leur *vie*, 2º leur *liberté*, 3º leur *honneur*, 4º leur *propriété*.

Respect de la vie humaine. — La vie humaine doit être respectée et le meurtre est un crime. « Tu ne tueras point. » Cette parole du Décalogue est la règle de tous les peuples civilisés, et quiconque ne l'observe pas est un monstre au milieu de l'humanité.

Cependant la loi qui défend l'homicide admet quelques exceptions : le cas de *légitime défense*, la *peine de mort* et la *guerre*.

Celui qui est victime d'une agression subite et injuste a le droit de se défendre et de répondre à la violence par la violence. On peut même poser en principe que ce droit est un devoir et que ne pas résister à la violence, c'est se faire en quelque sorte son complice. En effet, l'audace et l'impudence des assassins sont faites, en grande partie, de l'excessive patience, de la débonnaireté des honnêtes gens. Donc, défendons-nous. La vie d'un honnête homme est plus précieuse que celle d'un « apache ».

S'il est un droit de défense pour chaque individu, il en est un aussi pour la société. La société a le droit de se défendre, c'est-à-dire de protéger la vie de ses membres contre les criminels en employant le plus puissant des moyens d'intimidation. Or, en principe, ce que les hommes redoutent le plus c'est la mort. Il faut donc maintenir résolument la peine qui est la plus capable, sinon seule capable de faire hésiter et d'arrêter le bras des assassins, c'est-à-dire la peine de mort. La pitié n'a rien à voir ici. Ceux qui tuent sans pitié n'ont aucun droit à la commisération des honnêtes gens. Du reste, ils sont prévenus d'avance du châtiment qui les attend, ils l'acceptent donc volontairement en commettant le crime qui les y expose. Qu'on n'invoque pas même la charité chrétienne. L'amour du prochain, si loin qu'il puisse aller, ne peut se mettre en opposition formelle avec la raison et avec la justice.

Enfin, le droit de défense s'étend aux rapports des nations entre elles. Lorsqu'un peuple a été gravement lésé par un autre peuple soit dans son territoire, soit dans son honneur, il est naturel qu'il revendique ses droits et même, en suprême ressource, qu'il cherche à les faire prévaloir par les armes. Dans ce dernier cas, c'est la guerre et la guerre légitime. « On peut toujours espérer, écrivait Paul Janet, qu'il viendra un moment où les peuples trouveront un moyen plus rationnel, plus humain de concilier leurs différends[1] ». Ce moment est-il vraiment venu et la *Société des Nations* sera-t-elle le bloc d'airain contre lequel viendra se briser la folle ambition des tyrans « aiguiseurs d'épée » et « conservateurs de poudre sèche »? L'avenir le dira.

Il n'est pas permis d'assimiler à ces cas de légitime défense le *duel*, ou combat entre deux adversaires en présence de témoins. Le duel participe à la fois de l'homicide et du suicide, puisqu'il suppose le double consentement de tuer ou d'être tué. Or, pour que ce consentement soit permis, il faut de très graves raisons que l'on ne peut faire valoir en faveur du duel, car il est *inutile et absurde*. Il est inutile, parce qu'on peut toujours l'éviter en recourant aux tribunaux ordinaires ou simplement à un tribunal d'honneur composé de quelques hommes intègres, discrets et choisis par les deux partis. Il est absurde, parce qu'il ne prouve rien

---

1. P. Janet. *Ouv. cit.*, p. 100 et 101.

en faveur de la vérité et de la justice, il prouve seulement qu'un homme est plus habile qu'un autre au pistolet ou à l'épée. On peut donc conclure, avec J.-J. Rousseau, qu'il est souverainement injuste que l'honneur du sage soit à la merci du premier brutal venu et que le duel n'est pas une institution de l'honneur mais une mode affreuse et barbare.

Respect de la liberté humaine. — Il y a deux sortes de liberté, celle des corps et celle des âmes, la liberté *physique* et la liberté *morale*.

L'oppression des corps fut longtemps exercée par une institution d'origine antique qui, malheureusement, n'a pas complètement disparu puisqu'on la retrouve, de nos jours, dans l'Afrique sauvage et dans l'Orient mahométan. Nous voulons parler de l'*esclavage*. « C'est la honte de la philosophie grecque, dit M. Thouverez[1], d'avoir affirmé par la bouche d'Aristote, qu'il y a des êtres qui sont hommes par le visage et non par la raison, destinés par nature au métier d'esclaves. Caton fait un devoir au père de famille vigilant de vendre à bon compte les esclaves vieillis, les animaux usés et les vieux fers. Le stoïcisme[2] a eu l'honneur de proclamer le premier la fraternité de tous les hommes, et la révolution des mœurs a été achevée par le christianisme. »

1. Thouverez. *Éléments de morale théorique et pratique appliqués à la pédagogie.* Belin, 1906, p. 506.

2. Système de philosophie antique qui eut pour fondateur le philosophe grec Zénon (362-260 av. J.-C.). La morale stoïcienne était très austère et très élevée, elle faisait consister tout le bonheur dans la pratique désintéressée de la vertu.

Il n'est donc pas permis à un homme de traiter et d'exploiter un autre homme comme une *chose*. La *personne* humaine existe dans chacun de nous et doit y être respectée. C'est un bien sacré, inaliénable, et la loi morale s'oppose à ce qu'il soit pris de force ou vendu par un libre contrat.

La civilisation européenne a proscrit l'esclavage antique, mais a-t-elle apporté le même esprit de justice, le même souci des droits de l'homme, à sauvegarder la liberté morale, ou le respect des convictions et des croyances ? Quoi qu'il en soit, on ne saurait trop répéter que l'oppression des âmes est plus odieuse encore que celle qui s'exerce sur les facultés physiques, et que les tyrans des consciences sont les pires ennemis de la personne humaine.

Si la loi morale défend de violenter les consciences, elle ne s'oppose pas à ce qu'on cherche à les éclairer. Instruire les ignorants, ouvrir les yeux de ceux qui sont abusés par l'erreur ou les préjugés, faire de la propagande en faveur de ce que l'on croit être la vérité, rien dans tout cela que de permis et même de très louable, pourvu qu'on y apporte un zèle intelligent, patient et discret. Que ceux qui ont entrepris la noble tâche de propager la vérité n'oublient jamais cette judicieuse remarque de Bourdaloue : « Le zèle dont on se sent ému à l'égard du prochain, quand il abonde, est naturellement impatient, précipité, aigre, impérieux, défiant, incrédule, facile à s'offenser ou à se piquer : voilà ses défauts, ou, pour mieux dire, ses excès. Mais, par des caractères bien opposés et bien remarquables, la charité, selon saint Paul, est patiente, humble, simple, sans fard, sans aigreur, ne s'emportant jamais, ne s'élevant jamais, se réjouissant du bien, croyant peu le mal ; en sorte que nous y trouvons tous les adoucissements qui doivent perfectionner notre zèle... Le zèle le plus pur a besoin d'un tempérament[1]. »

Nous reviendrons sur cette grave question de la liberté de conscience lorsque nous traiterons de la morale religieuse ou de nos devoirs envers Dieu.

Respect de l'honneur d'autrui. — On ne voudrait pour rien au monde porter atteinte à la vie et à la liberté de ses semblables, mais on n'a plus les mêmes scrupules lorsqu'il s'agit de leur honneur : c'est un fait d'expérience, pénible à constater. Et pourtant l'honneur est un bien aussi précieux que la vie. Nous rappelons une fois encore le mot de Pascal : « Qui ne mourrait pas pour son honneur, celui-là serait infâme. »

Il y a deux principales manières de nuire à l'honneur d'autrui : la *médisance* et la *calomnie.*

La médisance consiste à faire connaître sans nécessité les fautes ou les défauts cachés du prochain. C'est un vice détestable contre lequel les moralistes et les prédicateurs chrétiens se sont énergiquement élevés. « La médisance, dit Bourdaloue, est un des vices les plus lâches et les plus odieux... Ce péché qui est celui dont nous nous préservons le moins, porte un caractère de lâcheté dont on ne peut effacer l'opprobre... Car ne croyez pas que le médisant attaque son ennemi

1. Bourdaloue. *Sermon sur le zèle.*

de front, c'est toujours des absents qu'il médit. Et c'est à quoi Dieu a sagement pourvu par cette loi de la charité[1] qui nous oblige de ne point adhérer à la médisance, c'est-à-dire, ou de la condamner par notre silence, ou de la réfuter par nos paroles, ou de la réprimer par notre autorité. »

Toutefois, s'il y a une réelle nécessité de révéler une faute commise ou de faire connaître certains défauts, la médisance cesse d'être une injustice. C'est même, dans ce cas, un devoir de parler. Il n'est pas permis de taire le mal que l'on sait, lorsque les intérêts de la société ou même d'une seule personne s'en trouvent gravement et injustement menacés ; tel est le principe général qui devra servir à résoudre tous les cas particuliers.

Comme la médisance, la calomnie consiste à dire du mal du prochain, mais *du mal qui est faux*. Par cette seule définition, on comprend de suite que, si la médisance est permise dans certains cas, la calomnie ne l'est jamais. La calomnie est le plus hideux des mensonges. Beaumarchais nous a laissé une saisisssante description de la facilité et de la rapidité avec lesquelles se répandent et s'accréditent les faux rapports du calomniateur : « D'abord, un bruit léger, rasant le sol comme l'hirondelle avant l'orage, *pianissimo*, murmure et file, et lance en *courant* le trait empoisonné. Telle bouche le recueille et *piano, piano*, vous le glisse adroitement. Le mal est fait ; il germe, il rampe, il chemine ; et, *rinforzando*, de bouche en bouche il va

1. Bourdaloue eût pu dire : par cette loi *de la justice*. Cf. *Sermon sur la médisance.*

le diable ; puis tout à coup, ne sais comment, vous voyez la calomnie se dresser, s'enfler, grandir à vue d'œil. Elle s'élance, étend son vol, tourbillonne, enveloppe, arrache, entraîne, éclate et tonne, et devient un cri général, un *crescendo* public, un chorus universel de haine et de proscription[1]. »

La loi qui condamne la médisance et la calomnie, défend également d'*injurier* le prochain, d'avoir pour lui de l'*envie*, c'est-à-dire de la haine, et de le *juger* coupable, témérairement, c'est-à-dire sans raisons suffisantes.

Enfin, de quelque manière que l'on ait porté dommage à la réputation ou à l'honneur du prochain, il ne faut pas oublier que c'est une obligation stricte de *réparer* ce dommage, dans la mesure du possible.

Le principe général de toute réparation consciencieuse est celui-ci : s'efforcer de faire du bien au prochain dans la proportion du mal qu'on lui a fait.

Respect de la propriété. — Le travail, nous l'avons vu, est un devoir pour tous. A ce devoir correspond un droit, le *droit de propriété*. Ce droit consiste dans la possession, l'usage et la libre disposition de ce qu'on a fait *sien* par son travail, ou ce qui l'est devenu par transmission ou *héritage*.

L'origine première, le fondement véritable de la propriété, c'est donc le travail et non le *droit du premier occupant*, comme quelques-uns l'ont prétendu. Sans doute l'occupation est un des éléments constitu-

---

1. Beaumarchais. *Barbier de Séville*. Acte II, sc. VIII.

tifs de la propriété, et le travail ne saurait suffire à nous donner des droits sur un bien déjà occupé par autrui, mais l'occupation elle-même n'a de valeur qu'autant qu'elle est accompagnée de travail.

C'est une grave obligation pour tout homme de respecter le bien de ses semblables. Toute atteinte à la propriété porte le nom générique de *vol*, mais le vol peut revêtir plusieurs formes qui se trouvent résumées dans ce commandement :

> Le bien d'autrui tu ne *prendras*
> Ni *retiendras* injustement.

De quelque manière que l'on *prenne* le bien du prochain, par violence comme les brigands et les pirates, par ruse comme les maraudeurs, par fraude comme les commerçants qui trompent sur la qualité ou sur la quantité des marchandises, par défaut d'honnêteté professionnelle, comme les ouvriers qui livrent un travail imparfait et assument à la légère de terribles responsabilités, par usure, comme les prêteurs d'argent à des taux exagérés, dans tous ces cas on mérite le nom de voleur.

Les vertus opposées à ce genre de vol sont la *probité* et l'*équité*.

Il arrive aussi que les domestiques ou les familiers d'une maison abusent de la confiance qui leur est accordée pour commettre certaines injustices qui peuvent varier à l'infini. Si la matière de ces injustices est grave, ceux qui s'en rendent coupables sont de vulgaires voleurs avec la circonstance aggravante de l'abus de confiance: si la matière est légère, comme il arrive le plus souvent, la faute commise est contraire à une vertu qui s'appelle : la *délicatesse*.

Que dire de l'envahissement, de l'incendie, du pillage des propriétés, par les ouvriers révoltés contre les patrons et abusant lâchement du droit de grève pour terroriser des familles sans défense, et maltraiter jusqu'aux femmes et aux enfants? Nous avons eu, à notre époque, le triste spectacle de ces actes de brutalité sauvage, de ces scènes renouvelées de la Jacquerie qui sont une honte pour l'humanité. Que les ouvriers d'une même profession aient le droit de se *syndiquer*, c'est-à-dire d'associer leurs personnes et leurs intérêts afin d'être une force contre l'injustice ou l'arbitraire des patrons, qu'ils aient même le droit d'organiser une grève particulière[1] et de cesser tout travail jusqu'à ce que justice leur soit rendue : nous ne sommes point de ceux qui y contredisent. Mais il ne faut pas confondre le refus légal du travail ou l'appel à la loi avec l'appel à la violence. Le sabotage est criminel et ses actes relèvent du code pénal : « Tout pillage, tout dégât de denrées ou marchandises, effets, propriétés mobilières, commis en réunion ou bande et à force ouverte, sera puni des travaux forcés à temps, chacun des coupables

---

1. On ne saurait en dire autant de la grève générale considérée comme moyen révolutionnaire, car elle engendrerait les pires violences. Si elle échouait, elle serait réprimée dans des flots de sang; si elle réussissait, elle interromprait tout à coup la vie économique de l'humanité. En quelques semaines, l'outillage créé par de longues années d'efforts et de peines serait anéanti, et la misère générale qui serait la conséquence d'une pareille crise, mettrait le plus faible dans une sujétion plus étroite vis-à-vis du plus fort. Thouverez, *ouv. cit.*, p. 577.

sera de plus condamné à une amende de deux cents francs
à cinq mille francs [1]. »

Une autre forme du vol consiste *à retenir* injustement
le bien d'autrui, en ne payant pas ses dettes, en refu-
sant de rendre un dépôt confié, en gardant pour soi un
objet trouvé, en ne tenant pas les promesses que l'on a
faites ou les contrats que l'on a consentis. — Ne pas
tenir ses engagements en matière de contrat, c'est manquer à sa parole, c'est se déshonorer aux yeux des honnêtes gens. Aussi notre code civil ne ménage pas ceux
qui refusent de se soumettre à des conventions librement faites et consenties. Après avoir ainsi défini le
contrat : *Tout contrat a pour objet une chose qu'une
partie s'oblige à donner, ou qu'une partie s'oblige à faire
ou à ne pas faire*, il ajoute : *Toute obligation de faire ou
de ne pas faire se résout en dommages et intérêts en cas
d'inexécution de la part du débiteur.*

Ces dispositions de la loi sont à peine assez sévères
à l'égard de ceux qui font si bon marché de la *loyauté*,
et du *respect de la parole donnée*.

Il peut se faire que dans toutes ces injustices dont
nous venons de parler, on n'agisse pas directement et
pour soi seul, mais en qualité de *complice*. Cette compli-
cité peut prendre mille formes qu'il serait trop long
d'énumérer. Par exemple, c'est coopérer à un acte
injuste que de le conseiller, de l'approuver, de le favoriser, d'y prendre part, etc...

Un même principe général s'applique à tous ces cas
et peut servir à les résoudre : quiconque a coopéré à

1. Code pénal, art. 440.

une injustice est coupable de cette injustice dans la mesure même de sa coopération, et il est atteint, plus ou moins, par l'obligation dont il nous reste à parler et qui est celle de *réparer*.

Lorsqu'on a pris ou retenu injustement le bien du prochain, réparer sa faute s'appelle *restituer*. Cette restitution est obligatoire et doit être faite le plus tôt possible. « C'est continuer et pour ainsi dire, perpétuer le vol, écrit M. Joly, que de ne pas rendre ce qu'on a pris, usurpé ou gardé injustement du bien d'autrui. Le devoir de restituer est donc un devoir rigoureux : si on ne peut l'accomplir envers celui-là même qu'on a lésé, on doit restituer à ses héritiers ; s'il n'en a pas, ou s'il est impossible de les trouver, ce sera décharger sa conscience que de verser entre les mains des pauvres le bien dont on est l'injuste détenteur[1]. »

2° LES DEVOIRS DE CHARITÉ. — Tous les hommes font partie de la grande famille humaine et, à ce titre, ils sont frères. Cette fraternité engendre la solidarité, c'est-à-dire que tous ceux qui appartiennent à l'espèce humaine doivent entretenir des rapports réciproques, d'union étroite, de sympathie, d'aide mutuelle, comme les membres d'un même corps entre eux. Lorsque, par exemple, dans le corps humain, la tête est lourde et souffrante, immédiatement la main *sympathise*, c'est-à-dire souffre avec elle et se porte à sa rencontre pour la soutenir et la soulager. C'est un fait d'expérience qu'il n'existe point de sensation partielle, pénible ou agréable, qui n'ait, en quelque manière, son retentis-

1. M. Joly. *Ouv. cit.*, p. 162.

sement dans le corps tout entier. Bel exemple donné aux hommes pour leur vie en société! Non seulement ils ont l'obligation de ne point se faire de mal les uns aux autres et de respecter ainsi la justice, mais ils doivent se faire du bien réciproquement, sympathiser entre eux, c'est-à-dire souffrir ou jouir mutuellement de leurs joies ou de leurs douleurs, soulager ces douleurs, procurer ces joies, en un mot pratiquer la *charité*.

On classe généralement les devoirs de charité sous ces trois titres principaux : *bienveillance, bienfaisance, dévouement.*

La bienveillance. — « La bienveillance, dit Paul Janet, est la disposition qui nous porte à faire plaisir aux autres, à nous réjouir de ce qui leur arrive d'heureux, à les rendre heureux eux-mêmes, sinon par nos bienfaits, quand cela n'est pas en notre pouvoir, au moins par des témoignages extérieurs de sympathie et d'affection[1]. » L'homme bienveillant a des manières douces et affables, il évite dans ses paroles et dans ses actions tout ce qui pourrait incommoder ou froisser ses semblables, il pratique l'urbanité sociale jusque dans ses nuances les plus délicates. On dit de lui que c'est un homme poli, un homme bien élevé. La *politesse*, qui est une forme de la bienveillance, joue un rôle considérable dans les relations sociales. Sans elle, les rapports des hommes entre eux deviendraient impossibles et ce serait partout le règne de la grossièreté et

1. P. Janet. *Ouv. cit.*, p. 148.

de la violence. Il suffit pour s'en convaincre d'observer les mœurs de ceux qui font fi des règles de la politesse ou les ignorent, et qui s'abandonnent à tous les débordements de leurs mauvais instincts. Ajoutons que la véritable politesse ne consiste pas seulement dans la correction et dans la souplesse des manières extérieures. Elle doit être inspirée par la délicatesse de l'esprit et du cœur. « Il ne suffit pas d'être homme du monde, il faut être homme de cœur, et la vraie politesse est celle qui a sa source dans la justice, dans le respect de la personne humaine ; elle est une forme de la charité, elle est le luxe de la vertu[1]. »

Une des conditions essentielles de la bienveillance c'est *l'oubli de soi-même*. Un égoïste essaiera en vain de sortir de lui-même pour aller dans l'âme d'autrui et sympathiser avec elle. S'il venait à y réussir, ce ne serait qu'une minute d'oubli, et, la mémoire lui revenant, il ne manquerait pas de se replier en hâte sur le seul être qui l'intéresse véritablement : lui, lui seul.

L'oubli de soi rend facile la pratique d'une autre vertu, sans laquelle il n'est pas de bienveillance possible : nous voulons parler de la *tolérance*. Sans doute, dans le domaine de la théorie, il y a la vérité et il y a l'erreur ; un abîme infranchissable les sépare et on ne saurait admettre l'une ou l'autre indifféremment. L'une a le droit de cité, l'autre ne l'a pas. Voilà ce qu'il faut soutenir énergiquement. Mais dans la pratique, on est obligé d'avoir égard aux circonstances et particulièrement à la bonne foi des personnes. Toute opinion,

1. Jouffret. *De la politesse.* Discours prononcé à la distribution des prix du lycée de Tournon. Tournon, 1880.

pourvu qu'elle soit raisonnable et sincère, a droit au respect. La respecter, malgré qu'on ait une opinion contraire, c'est être tolérant. Ce qui ne veut point dire qu'il ne faille jamais discuter certaines opinions que l'on ne partage pas ; il est même certains cas où c'est une obligation de le faire, mais on devra toujours se souvenir de ce sage conseil de Nicole : « C'est une chose très utile de remarquer comment on peut proposer ses sentiments d'une manière si douce et si agréable que l'on ne puisse pas s'en choquer... Car souvent ce ne sont pas tant nos sentiments qui choquent les autres que la manière fière, présomptueuse, passionnée, méprisante, insultante, avec laquelle nous les proposons[1]. »

La bienfaisance. — On a dit fort justement que la bienveillance est le chemin de la *bienfaisance*. En effet, l'habitude de *vouloir* du bien à nos semblables nous amène tout naturellement à leur en *faire*. La bienfaisance comprend deux degrés : 1° Le don de *son argent* ou l'aumône proprement dite, 2° le *don de soi-même* qui est le degré le plus élevé de la charité et qui s'appelle le *dévouement* avec toutes les formes qu'il peut prendre.

1° L'aumône. — L'aumône est de précepte pour quiconque est en état de la faire. Ceux qui possèdent sont

---

1. Nicole. *Les moyens de conserver la paix parmi les hommes.* — Il faut citer aussi le joli mot de M. J. Lemaître sur la tolérance : « Elle est, dit-il, la charité de l'intelligence. » Cf. *Les Contemporains*, série VI, 386-390.

obligés de consacrer au moins leur superflu au soulagement de ceux qui manquent du nécessaire. « Prenez ce qu'il vous faut dans vos richesses ; le reste forme le superflu, et le superflu du riche est le nécessaire du pauvre. On possède le bien d'autrui quand on possède son superflu [1]. »

L'aumône doit être *discrète*. Que votre main gauche, selon la parole de l'Évangile, ignore toujours ce que donne votre main droite. C'est par un sentiment de discrétion que les sociologues contemporains, s'inspirant des idées de saint Vincent de Paul, cherchent à organiser et à répandre de plus en plus l'assistance par le *travail* et par le *prêt*. L'œuvre d'assistance par le travail affectera la forme d'un atelier ou d'un ouvroir ; l'occupation à laquelle les assistés seront soumis doit être des plus simples, afin de ne pas exiger d'apprentissage, mais elle devra être assez dure pour que le pensionnaire ne soit pas tenté de vouloir rester trop longtemps dans cet asile qui ne doit être qu'un refuge provisoire. Il attend là jusqu'à ce qu'il ait trouvé une place [2].

Une autre forme de l'aumône délicate, c'est le *prêt*. Elle ménage et stimule en même temps l'honneur du pauvre. Elle le ménage, car une libéralité ainsi faite perd le caractère toujours un peu humiliant de l'aumône. Elle le stimule, car le pauvre, s'il a du cœur et s'il est vraiment digne d'être secouru, travaillera à se libérer de sa dette le plus tôt possible. Par ailleurs, il arrivera, plus d'une fois, que cette dette sera remise

1. Saint Augustin. Commentaire sur le psaume 147.
2. Cf. Paulian. *Paris qui mendie.* Paris, 1893, p. 212.

par le bienfaiteur lui-même, sous prétexte de récompenser et d'encourager le mérite.

L'aumône doit être *désintéressée* : il n'y a pas de bienfaisance, dit Sénèque, où se trouve l'espoir du profit. Enfin l'aumône doit être *éclairée*, c'est-à-dire qu'il faut accorder des secours à ceux qui en ont un besoin réel, aux véritables pauvres, et ne pas se laisser duper par les faux pauvres, par les exploiteurs de la crédulité et de la pitié humaines.

2o Le dévouement. — Le moyen le plus sûr d'avoir une charité éclairée, est de pousser cette charité jusqu'au *dévouement*, c'est-à-dire de rechercher, d'aller voir, sans craindre la fatigue ou le spectacle affligeant de la misère, les pauvres vraiment dignes d'intérêt et de compassion. Visiter dans leur humble réduit les déshérités de la vie, leur porter soi-même la nourriture, le vêtement, et aussi le courage, ouvrir la porte et dire en souriant : c'est moi; puis ayant fait le bien, s'en aller avec la joie sublime d'avoir versé un peu de soi dans un corps souffrant et dans une âme désolée... quelle noble et enviable tâche! Elle devrait être celle de tous les riches. Que ceux qui détiennent les biens de la terre veuillent bien méditer cette parole. En ne donnant que son argent on se fait *pardonner* sa richesse, mais en donnant de soi, de son cœur, de son âme, on se fait *aimer*[1]. Et le jour où les pauvres émus et consolés par le dévouement, par la pitié respec-

---

1. *Donner son cœur, voilà la charité suprême.* J. Aicard. *Le vieux Pauvre.* Cf. *Le livre des Petits.* Paris, 1886.

tueuse des riches, se mettront à les aimer, la question sociale sera bien près d'être tranchée.

Instructions. Exhortations. Consolations. — La charité dont nous avons parlé jusqu'à présent est surtout destinée à soulager la pauvreté et les misères du corps. Il est d'autres devoirs charitables qui ont l'âme pour objet, et les principaux de ces devoirs consistent. à *instruire* les ignorants, à *exhorter* les faibles, à *consoler* les affligés.

Pour remplir la première de ces obligations il n'est pas nécessaire de se faire maître ou maîtresse d'école. Donner généreusement pour la construction et l'entretien des écoles, insister auprès des familles afin que les enfants fréquentent régulièrement la classe, offrir aux meilleurs élèves des récompenses utiles, comme, par exemple, des livrets de caisse d'épargne, c'est s'occuper efficacement de l'instruction des ignorants.

Quant au devoir de l'exhortation, il comprend tous les bons conseils que l'on doit donner à ceux qui en ont le plus besoin. Les faibles de caractère, les jeunes gens étourdis et remplis d'illusions, les hommes aveuglés par une passion tyrannique, tels sont ceux surtout qui ont le droit à la sollicitude, à la protection morale des plus sages et des plus expérimentés.

Enfin, il nous semble inutile d'insister sur l'obligation de consoler les affligés. Un homme de cœur ne pourra jamais être le témoin des souffrances et des larmes d'un autre homme, sans que, naturellement, sa main s'avance pour une étreinte sympatique, sans que sa bouche s'ouvre pour une parole fraternelle et consolante.

Clémence. Pardon des injures. Amour des ennemis. — Une forme supérieure de la charité consiste à rendre le bien pour le mal et à pardonner les injures. Lorsqu'elle est pratiquée par ceux qui détiennent le pouvoir, on l'appelle la *clémence*. L'empereur Auguste, dans la belle pièce de Corneille qui a pour titre *Cinna*, est un exemple classique de la clémence, et tout le monde connaît ce passage célèbre qui faisait pleurer le grand Condé :

> Soyons amis, Cinna, c'est moi qui t'en convie :
> Comme à mon ennemi je t'ai donné la vie,
> Et malgré la fureur de ton lâche dessein,
> Je te la donne encor comme à mon assassin.

C'est dans la doctrine du Christ que se trouve l'expression la plus haute et la plus pure de la charité, de cette charité qui non seulement *pardonne les injures*, mais qui se dilate jusqu'à *l'amour des ennemis*. Aussi, qui ne voudrait orner sa mémoire et son cœur de ces beaux vers de la *Samaritaine*, si heureusement traduits de l'Évangile ?

> Pour être aimés du Père, aimez votre prochain.
> Donnez tout par amour. Partagez votre pain
> Avec l'ami qui vient la nuit, et le demande.
> Si vous vous souvenez, en faisant votre offrande,
> Que votre frère a quelque chose contre vous,
> Sortez et ne venez vous remettre à genoux
> Qu'ayant, la paix conclue, embrassé votre frère...
> D'ailleurs un tel amour, c'est encor la misère.
> Aimer son frère est bien, mais un païen le peut.
> Si vous n'aimez que ceux qui vous aiment, c'est peu :
> Aimez qui vous opprime et qui vous fait insulte !
> Septante fois sept fois pardonnez ! C'est mon culte

D'aimer celui qui veut décourager l'amour.
S'il vous bat, ne criez pas contre, priez pour.
S'il vous prend un manteau, donnez-lui deux tuniques.
Aimez tous les ingrats comme des fils uniques.
Aimez vos ennemis, vous serez mes amis.
Aimez beaucoup pour qu'il vous soit beaucoup remis [1].

Devoirs de bonté à l'égard des animaux. — La charité humaine doit s'étendre jusqu'aux autres êtres inférieurs à l'homme, à savoir les animaux. C'est commettre une mauvaise action que de les maltraiter et de les faire souffrir sans nécessité. Nous avons le droit de détruire les animaux quand ils sont nuisibles, de leur ôter la vie lorsqu'ils sont utiles à notre alimentation ou aux expériences scientifiques, mais, en dehors de ces cas, nous devons les traiter avec bonté. Les bêtes ne sont pas des machines automatiques et inertes, ainsi que le soutenait Descartes, elles sont douées comme nous de sensibilité physique et elles *souffrent* véritablement dans leur corps, lorsqu'on les brutalise. Bien plus, elles ont une certaine sensibilité morale puisqu'elles sont capables d'amour pour leur progéniture, d'attachement et de reconnaissance pour les hommes.

La cruauté envers les animaux est assez fréquente chez les enfants. Elle dénote des instincts mauvais, des penchants vicieux qu'il faut avoir soin de réprimer. L'enfant qui, par exemple, supplicie les insectes ou les petits des oiseaux, mérite une punition que les parents ou ceux qui les représentent ne devront jamais man-

1. E. Rostand. *La Samaritaine.* Deuxième tableau, scène III.

quer d'infliger. Quant aux hommes qui ont le triste courage ou plutôt la lâcheté de brutaliser et de faire souffrir de malheureuses bêtes sans défense, ils encourent les peines judiciaires fixées par la loi du 2 juillet 1860, dite loi *Grammont* : « Seront punis d'une amende de 5 à 15 francs, et pourront l'être de 1 à 5 jours de prison, ceux qui auront exercé publiquement et abusivement des mauvais traitements envers les animaux domestiques. — La peine de la prison sera toujours applicable au cas de récidive[1] ».

[1]. Il s'est formé une sorte de comité de vigilance qui vient en aide à la loi et en assure, autant que possible, l'efficacité : c'est la *Société protectrice des animaux*. Voici quelques-uns de ses statuts : « La Société a pour but d'améliorer, par tous les moyens qui sont en son pouvoir, le sort des animaux, conformément à la loi du 2 juillet 1850. La Société décerne des récompenses aux propagateurs de son œuvre et aux inventeurs d'appareils propres à soulager les animaux; — aux agents de la force publique signalés par leurs chefs comme ayant fait respecter les lois et règlements qui répriment les actes de cruauté et les mauvais traitements envers les animaux; — aux agents de l'agriculture, bergers, serviteurs de ferme, fermiers, conducteurs d'animaux; — aux cochers, garçons bouchers, maréchaux-ferrants, enfin à toute personne ayant fait preuve à un haut degré, par de bons traitements, de soins intelligents et soutenus, de compassion envers les animaux. »

RÉSUMÉ

1. — Un instinct naturel nous pousse à rechercher la *société* de nos semblables : l'homme a besoin de l'homme.

Les deux conditions essentielles de toute société sont la *justice* et la *charité*.

De là, deux sortes de devoirs sociaux : les *devoirs de justice* et les *devoirs de charité*.

2. — Les *devoirs de justice* envers nos semblables nous obligent à respecter leur *vie*, leur *liberté*, leur *honneur*, leur *propriété*.

D'une façon générale on porte atteinte à la vie humaine par l'*homicide*. La loi qui défend l'homicide admet quelques exceptions : le cas de *légitime défense*, la *peine de mort*, la *guerre*. Le *duel* ou combat entre deux adversaires en présence de témoins est défendu par la loi morale, d'ailleurs il est *inutile* et *absurde*.

Il y a deux manières de faire violence à la liberté d'autrui : par l'oppression des corps ou l'*esclavage*, et par l'oppression des âmes ou l'*intolérance*.

On nuit à l'honneur du prochain par la *médisance* et par la *calomnie*. La loi qui condamne la médisance et la calomnie défend également les *injures*, l'*envie* et les *jugements téméraires*. Celui qui a fait du tort à l'honneur du prochain est tenu à la *réparation*, dans la mesure du possible.

Toute atteinte portée à la propriété s'appelle *vol*. La vertu opposée au vol est la *probité*.

Le vol ne consiste pas seulement à *prendre* le bien d'autrui, mais aussi à le *retenir* injustement. Celui qui coopère à un vol comme *complice* est lui-même un voleur. Quiconque a pris ou retenu injustement le bien d'autrui est obligé à *restituer*.

3. — On classe généralement les devoirs de charité sous ces trois titres principaux : *bienveillance, bienfaisance, dévouement*.

Il existe deux formes de la bienveillance, qui sont la *politesse* et la *tolérance.*

La bienfaisance ou assistance peut se manifester sous la forme de l'*aumône,* du *travail* et du *prêt.*

Le dévouement est le degré le plus élevé de la charité parce qu'il est le don de soi-même avec toutes les formes qu'il peut prendre.

La charité doit s'étendre aussi bien aux besoins de l'âme qu'aux misères du corps. *Instruire* les ignorants, *exhorter* les faibles, *consoler* les affligés : tels sont les principaux devoirs de charité qui ont l'âme pour objet.

Une forme supérieure de la charité consiste à *rendre le bien pour le mal* et à *pardonner les injures.* C'est le Christ qui est venu le premier enseigner et demander au monde l'*amour des ennemis.*

Nous avons des devoirs de bonté envers *les animaux.* Celui qui brutalise les bêtes et les fait souffrir sans nécessité est un misérable et un lâche : il encourt les peines judiciaires fixées par une loi du 2 juillet 1850, dite loi *Grammont.* La *Société protectrice des animaux* a pour but d'améliorer le sort des animaux et de les défendre contre les mauvais traitements.

CHAPITRE V

DEVOIRS ENVERS LA PATRIE

L'idée de patrie. Le patriotisme. — La terre où nos ancêtres sont nés, où ils ont vécu, où ils sont morts, voilà la *patrie* (*terra patrum*), au sens étymologique et aussi le plus simple. Mais, lorsqu'on veut analyser l'idée de patrie, on s'aperçoit qu'elle est singulièrement complexe. Le *sol natal*, le *drapeau*, la *langue*, les *traditions historiques*, le *gouvernement* librement accepté : tels sont les éléments qui constituent la patrie, et tels sont aussi les liens qui unissent entre eux les habitants d'un même territoire.

A l'idée de patrie correspond un sentiment qui fait que nous aimons notre pays plus que tous les autres pays, que nous sommes heureux et fiers de ses grandeurs, que nous souffrons de ses malheurs : c'est le *patriotisme*.

L'amour de la patrie a été appelé, par Chateaubriand, le plus beau, le plus moral des instincts. « C'est grâce à cet instinct que les hommes ne se précipitent point en masse dans les zones tempérées, laissant le reste du globe désert. On peut se figurer quelles calamités résulteraient de cette réunion du genre humain sur un seul point de la terre. Afin d'éviter ces malheurs, la Providence a pour ainsi dire attaché les pieds de chaque homme à son sol natal par un aimant invincible : les glaces de l'Islande et les sables embrasés de l'Afrique ne manquent point d'habitants[1]. »

Après le culte suprême que l'on doit à son Dieu, il n'est point de passion plus noble, plus pure, plus féconde que l'amour sacré de la patrie. Si c'est l'amour de Dieu qui fait les grands saints, on peut affirmer et prouver, l'histoire en main, que c'est l'amour de la patrie qui fait les grands hommes.

Mais cet amour du sol natal doit être autre chose qu'une facile et vague sentimentalité, et c'est le cas de répéter du patriotisme ce qu'on a dit de la foi : il n'est sincère qu'à la condition d'être *agissant, pratiquant.* Le vrai patriote est celui qui s'acquitte de ses devoirs, de tous ses devoirs envers la patrie. Ces devoirs sont les suivants : le *respect des lois,* l'*obligation scolaire,* le *service militaire,* l'*impôt,* le *vote.*

Respect des lois. — Les lois, en tant que gardiennes de l'ordre sont utiles et même nécessaires à la société. S'il n'y avait pas de lois pour protéger les honnêtes gens contre les criminels, pour régler les différends entre particuliers, pour défendre la faiblesse contre la force, notre planète ne tarderait pas à être inhabitable.

Les lois, lorsqu'elles remplissent les conditions essentielles que nous avons indiquées en commençant[2], sont donc les bienfaitrices de l'humanité, et, à ce titre, elles

1. Chateaubriand. *Génie du Christianisme,* liv. V, ch. xiv
2. Voir page 15.

ont droit à notre reconnaissance et à notre respect. Or, respecter les lois, c'est leur obéir, et cette obéissance aux lois justes nous est commandée par Dieu lui-même. *Omnis potestas a Deo.* Tout pouvoir vient de Dieu, dit l'apôtre saint Paul.

L'obéissance aux lois a pour corollaire le *respect des magistrats.* Ceux-ci, en effet, en tant que chargés d'exécuter, d'appliquer la loi, se confondent, s'identifient, pour ainsi dire, avec elle et ont droit aux mêmes égards.

L'obligation scolaire. — Ce qui fait la véritable grandeur d'un pays, c'est la valeur intellectuelle et morale de ses citoyens. Or, les enfants sont des futurs citoyens dans l'État, et l'État a le droit d'exiger qu'ils fréquentent de bonne heure et assidûment l'école, afin d'y recevoir cette instruction et cette moralité que la famille ne suffit pas toujours à leur donner. Aussi, de nos jours, l'obligation scolaire est devenue un article de loi, et à ceux qui pensent que cette intervention de la loi est plus ou moins justifiée, nous rappelons cette parole célèbre : « C'est le maître d'école allemand qui a vaincu à Sadowa [1]. »

Le service militaire. — Le service militaire est obligatoire pour tous ceux que le conseil de revision a jugés capables de porter les armes, et il n'est point permis de chercher à s'y dérober en simulant des maladies ou des infirmités qu'on n'a pas. Sans doute, observe très

---

1. Victoire célèbre remportée le 3 juillet 1866 par l'armée prussienne sur l'armée autrichienne.

justement M. Marion, ce n'est pas pour son plaisir que l'on quitte parents et amis, ses travaux et ses habitudes, pour aller faire l'exercice dans les casernes, et, au besoin, se battre à la frontière. Mais qui défendra le pays en cas d'attaque, si ce ne sont les hommes jeunes et robustes ? Et ne faut-il pas qu'ils apprennent à manier les armes pour être bons à quelque chose le jour où la patrie aura besoin d'eux ? Voilà pourquoi il y a des armées. Il vaudrait mille fois mieux qu'il n'y en eût pas besoin, que toutes les nations fussent assez justes pour ne jamais s'attaquer les unes les autres. Mais en attendant que cet idéal se réalise, c'est bien le moins qu'on se tienne prêt à défendre sa liberté, à faire respecter son honneur ! Grâce à une bonne armée, le plus humble citoyen est respecté partout où il va, partout où il a des intérêts. — Si on y regardait bien, on verrait que même au point de vue des simples intérêts, le temps qu'on passe sous les drapeaux n'est rien en comparaison des avantages qu'on en retire. N'est-ce pas parce que d'autres y ont été avant nous que nous avons pu grandir paisibles et heureux jusqu'à l'âge d'homme ? N'est-il pas juste que nous allions les relayer et veiller à notre tour le pays ? Et quand nous revenons, d'autres vont prendre notre place. Et c'est grâce à cela que nous pourrons, à notre tour, élever une famille, faire nos affaires, avoir une vie et une vieillesse tranquilles [1].

Les qualités d'un bon soldat sont la *discipline*, le *dévouement*, la *fidélité au drapeau*.

1. H. Marion. *Droits et devoirs de l'homme*. Paris, 1808, p. 67.

La discipline consiste dans l'obéissance prompte, confiante, absolue, aux ordres des chefs. S'il arrivait cependant que les ordres donnés soient en désaccord avec la *conscience* du soldat, l'obéissance cesserait d'être obligatoire théoriquement et au point de vue strict de la loi morale. Pratiquement, le soldat est *forcé* d'obéir et cette obéissance résignée, passive, est préférable encore à des mutineries, à des révoltes qui risqueraient de ruiner le principe d'autorité et de compromettre le salut de la patrie. Toutefois, aucun moraliste n'oserait affirmer que l'obéissance militaire doit être sans limites. Elle est rigoureuse, mais seulement pour les ordres qui sont donnés en conformité avec un règlement connu et accepté d'avance. En dehors de ce règlement, l'officier et le soldat sont des hommes qui doivent obéir avant tout à leur conscience.

Dieu merci, les cas auxquels nous faisons allusion sont fort rares. Mais que ceux qui détiennent l'autorité le sachent bien. Dans le *militaire* il y a l'*homme moral*, et ce serait aller contre tous les progrès réalisés, revenir à l'antique barbarie, que d'imposer à des inférieurs des ordres qui apportent la contradiction et le conflit dans les devoirs, qui deviennent des *cas de conscience* embarrassants et douloureux pour l'âme humaine.

Le dévouement du soldat se reconnaît, en temps de paix, à la façon ponctuelle et généreuse dont il s'acquitte de tous ses devoirs, en temps de guerre, au courage et à la résistance dont il fait preuve pour supporter la fatigue et braver le danger.

Quant à la fidélité au drapeau, elle est le devoir élémentaire de tout soldat vraiment digne de ce nom. La désertion, le passage à l'ennemi sont des crimes abominables qui déshonorent à jamais ceux qui les commettent. Les noms des traîtres sont écrits en lettres d'infamie dans l'histoire de tous les peuples.

L'impôt. — Tous les citoyens d'un même pays ont le devoir de payer l'impôt. Pour entretenir une armée, une magistrature, des écoles, pour sauvegarder le prestige de la France au dehors, enfin pour assurer tous les services publics, l'Etat a besoin d'argent et il ne peut en avoir que s'il le fait rentrer dans ses caisses par l'impôt. L'évidence de la question saute aux yeux, et, cependant, il arrive parfois qu'on ne se fait pas scrupule de *frauder* l'État. Cette infraction à la loi est au moins, pour ne rien dire de plus, une faute contre la morale civique. Si les citoyens jugent que les impôts sont exorbitants et trop lourds, qu'ils s'en plaignent aux représentants du pays nommés par eux, et, si leurs plaintes ne sont pas écoutées, qu'ils se fassent justice à eux-mêmes, au temps des nouvelles élections, par le vote.

Le vote. — Le vote est moralement obligatoire. La gravité de cette obligation se mesure à la gravité même de ses conséquences. C'est le vote des électeurs qui donne au pays ses représentants ou *députés*, et, par eux, son gouvernement, sa politique, ses lois. Les destinées d'un peuple, sa vie politique, morale, religieuse, sont donc intimement liées aux résultats des élections, et nul citoyen, digne de ce nom, ne saurait s'en désintéresser. De là vient que, si le vote est un *droit*, il est aussi un *devoir* qui oblige en conscience, et dont on ne peut, dans la plupart des cas, se dispenser que pour des raisons graves.

Le vote doit être *libre*. En effet, le droit électoral n'a plus ni sens ni raison d'être, si, dans la pratique, il ne s'exerce pas; et c'est ce qui a lieu lorsque l'électeur ne vote pas d'après sa manière de voir, *selon sa conscience*, mais sur un mot d'ordre venu de tel particulier ou de tel comité.

Le vote doit être *désintéressé*. Il faut avoir l'âme assez grande et le sens patriotique assez élevé pour oublier ses intérêts personnels, pour ne point se préoccuper uniquement des avantages particuliers de telle ou telle localité, et pour ne considérer avant tout et par-dessus tout que le bien général de la nation. Ce serait donc mal voter, par exemple, que d'accorder sa voix à un candidat, si bien placé qu'il soit pour rendre certains services *locaux*, lorsque, par ailleurs, sa politique générale menace d'être funeste au pays.

Le vote doit être *éclairé*. Lorsque l'électeur se trouve en face d'une liste de candidats qui sollicitent ses suffrages, il ne doit rien négliger pour obtenir des renseignements précis sur chacun d'eux, et se faire une opinion exacte de leur valeur, au double point de vue politique et moral. On ne se contentera pas, comme sources d'information, des manifestes ou professions de foi des affiches électorales : elles sont rédigées par les intéressés eux-mêmes ou par leur comité, et, de ce chef, ne méritent pas une confiance illimitée. C'est grâce à la lecture comparée de différents journaux, et surtout aux informations équitables fournies par des hommes intègres et instruits, que l'on peut arriver, autant que c'est possible, à voter avec connaissance de cause.

Droits qui correspondent à ces devoirs. — L'individu a des devoirs envers l'État et nous venons de les énumérer. Mais à ces devoirs correspondent des *droits* qui ne sont autre chose que les devoirs de l'État envers l'individu. La liberté individuelle, la liberté de conscience, la liberté du travail, la liberté d'association, la liberté de propriété : autant de droits que tout citoyen peut revendiquer et que l'État a le devoir de faire respecter.

La *liberté individuelle* met à l'abri la personne de l'individu contre le caprice et l'arbitraire. « Nul ne peut être accusé, arrêté, ni détenu que dans les cas déterminés par la loi et selon les formes qu'elle a prescrites. Ceux qui sollicitent, expédient, exécutent ou font exécuter des ordres arbitraires, doivent être punis, mais tout citoyen appelé ou saisi en vertu de la loi doit obéir à l'instant : il se rend coupable par la résistance[1]. » La loi garantit à tous les citoyens la sécurité de la vie et ne permet à personne d'y attenter, mais, en échange, elle exige que les citoyens ne se fassent pas justice eux-mêmes, et portent leurs griefs devant les tribunaux.

La *liberté de conscience* est celle qui permet à tout individu de pratiquer en paix sa religion, sans jamais être inquiété par qui que ce soit pour ses opinions reli-

---

1. Droits de l'homme. Art. 7.

gieuses. Nous reviendrous sur ce sujet, lorsque nous traiterons de nos devoirs envers Dieu.

Par *liberté du travail*, il faut entendre le droit de choisir sa carrière, d'exercer le métier que l'on veut et de le quitter, à son gré, pour en prendre un autre. C'est encore la liberté du travail qui confère aux ouvriers de bonne volonté le droit d'être protégés par la force publique contre les ouvriers grévistes et contre la tyrannie des syndicats.

La *liberté d'association* accorde aux individus toute facilité de mettre en commun leurs efforts, leurs idées, leurs ressources, en vue d'un même but à atteindre. C'est cette liberté qui a donné naissance aux grandes sociétés commerciales, industrielles et financières, aux compagnies de chemins de fer, aux corps savants qui se recrutent par eux-mêmes, etc...

La *liberté de propriété* permet de faire l'*usage* que l'on veut du bien qui est à soi. Un propriétaire peut, à son gré, vendre sa maison, la louer, ou la laisser inhabitée, il est libre de travailler, d'ensemencer son champ de la manière qui lui plaît, etc. Il en va de même pour la *possession* de la propriété. « La propriété étant un droit inviolable et sacré, nul ne peut en être privé, si ce n'est lorsque la nécessité publique légalement constatée l'exige évidemment, et sous la condition d'une juste et préalable indemnité[1]. »

La souveraineté nationale. — **Le gouvernement de la République et sa devise.** — Après avoir rappelé les

---

1. Droits de l'homme. Art. 17.

devoirs de l'individu envers l'État et ceux de l'État envers l'individu, il nous reste à parler de la forme actuelle du gouvernement en France. On prête à Louis XIV cette parole : « L'État c'est moi. » De nos jours, le peuple français pourrait en dire autant de lui-même, car l'autorité souveraine en France est l'autorité du peuple entier. Le principe de toute souveraineté, dit l'article 3 des *Droits de l'homme*, réside essentiellement dans la nation. Nul corps, nul individu ne peut exercer l'autorité qui n'en émane expressément.

Mais il est impossible que chaque citoyen puisse concourir directement à l'administration des affaires publiques : il a des délégués ou représentants. L'ensemble de ces représentants constitue le gouvernement de la République. Il comprend trois pouvoirs : législatif, exécutif, judiciaire. Le premier fait les lois, le second les exécute, le troisième les applique. La *Chambre des Députés* et le *Sénat* exercent le pouvoir législatif, le *président de la République* et les *ministres* détiennent le pouvoir exécutif dans lequel rentre le pouvoir judiciaire sous la direction du ministre de la justice.

L'État républicain a pour devise ces trois mots gravés sur nos monuments publics : *liberté, égalité, fraternité.*

Tous les citoyens, riches ou pauvres, nobles ou roturiers ont la libre disposition de leur personne, de leur conscience, de leur travail, de leur propriété. De plus ils sont égaux devant la loi : mêmes devoirs et mêmes droits pour tous.

Tous les anciens privilèges sont abolis : un homme

en vaut un autre. Enfin, par le fait même de la communauté des devoirs et des droits, l'humanité ne forme plus qu'une seule et grande famille : tous les hommes sont frères.

Belle devise, en vérité, qu'on pourrait tout aussi justement appeler *évangélique* que *républicaine*, car le Christ n'a jamais cessé de revendiquer la « sainte liberté des enfants de Dieu » de proclamer « qu'il n'y avait aucune acception de personnes devant son Père », de rappeler aux hommes qu'ils devaient « s'aimer les uns les autres » comme des « frères ».

Malheureusement la vie réelle et pratique se charge de nous apprendre qu'aucune forme de gouvernement n'a pu encore réaliser intégralement cette liberté, cette égalité, cette fraternité de tous les hommes. Malgré les incontestables progrès accomplis dans ce sens, il reste et il restera toujours, croyons-nous, beaucoup à faire, précisément parce que le règne de la Justice et de l'Amour n'est pas de ce monde. En tout cas l'humanité se rapprochera davantage encore de l'idéal auquel elle aspire le jour où les hommes après avoir écrit sur les murs la grande devise républicaine, s'aviseront de la faire pénétrer plus efficacement dans la profondeur sacrée des âmes et des cœurs par un franc retour à la morale évangélique.

Droit des gens. — On appelle *droit des gens* ou droit *international*, l'ensemble des lois qui président aux rapports des nations entre elles. En vertu de ces lois admises par tous les peuples civilisés, un Etat a le droit de vivre, de prospérer en sécurité, à l'intérieur de ses frontières et, s'il est attaqué, lésé dans son honneur ou dans son territoire, il a le droit de se défendre par la *guerre*. S'il arrivait qu'un peuple abusant de sa force voulût en opprimer un autre et lui enlever injustement son indépendance, les autres nations auraient le droit de s'y opposer par les armes : c'est le *droit d'intervention*. Cette intervention s'impose particulièrement entre *nations alliées* qui se doivent mutuellement la protection.

C'est encore le droit des gens qui interdit les balles empoisonnées, les gaz asphyxiants, sur les champs de bataille, les massacres inutiles et les vengeances féroces dans les villes conquises, etc...

Le patriotisme n'est pas incompatible avec l'amour de l'humanité. Si l'*ennemi* est digne de haine, l'*homme* reste digne de pitié. L'histoire de Jeanne d'Arc, « la guerrière d'amour », en offre de beaux exemples.

Enfin, lorsque deux ou plusieurs États ont fait entre eux des conventions particulières qu'on appelle *traités*, ils ont le grave devoir de les respecter. Cette obligation relève de la loi naturelle.

Les traités sont la parole d'honneur des peuples et la postérité sera sévère pour les nations qui ont foulé aux pieds, comme un vulgaire *chiffon de papier* leur parole écrite, c'est-à-dire leur honneur.

Il y a plusieurs espèces de traités : les traités de paix, de neutralité, d'alliance, de commerce, d'extradition, etc...

RÉSUMÉ

1. — Tous les habitants d'un même territoire sont unis entre eux par l'idée de *patrie*. Le *sol*, le *drapeau*, la *langue*, les *traditions historiques*, le *gouvernement librement accepté* : tels sont les éléments principaux qui constituent l'idée de patrie. Le sentiment qui nous fait aimer notre patrie s'appelle le *patriotisme*.

2. — Tout homme a des devoirs envers sa patrie. Ce sont : le *respect des lois*, *l'obligation scolaire*, le *service militaire*, *l'impôt* et le *vote*.

3. — Les lois sont obligatoires pour tous les citoyens lorsqu'elles sont *justes*, c'est-à-dire lorsqu'elles satisfont aux trois conditions essentielles renfermées dans la définition même de la loi.

L'obéissance aux lois a pour corollaire le *respect des magistrats*.

4. — L'école est obligatoire pour tous les enfants qui ne peuvent pas recevoir dans leur famille une instruction suffisante. En France, l'obligation scolaire est un article de loi.

5. — Le service militaire est obligatoire pour tous ceux que le conseil de revision a jugés capables de porter les armes.

Les qualités d'un bon soldat sont : la *discipline*, le *dévouement*, la *fidélité au drapeau*.

6. — L'impôt est obligatoire pour tous les citoyens d'un même pays. L'État a besoin d'argent pour assurer et rétribuer les services publics : cet argent lui est fourni par l'impôt.

7. — Le vote est un *devoir* qui oblige en conscience. Dans certaines circonstances ne pas voter peut être une faute grave. Le vote doit être *libre, désintéressé, éclairé*.

8. — Si les citoyens ont des devoirs envers l'État, l'État, à son tour, a des devoirs envers les citoyens. Il doit assurer à tous *la liberté individuelle, la liberté de conscience, la liberté du travail, la liberté d'association et la liberté de propriété.* Tels sont les devoirs de l'État envers l'individu : ils constituent ce qu'on appelle les *droits* du citoyen.

9. — La forme actuelle du gouvernement en France est la *République* ou le gouvernement du peuple par le peuple, à l'aide de *délégués* ou *représentants.* L'ensemble des représentants du peuple comprend trois pouvoirs : *législatif, exécutif, judiciaire.* La *Chambre des Députés* et le *Sénat* exercent le pouvoir législatif, le *Président de la République* et les *ministres* détiennent le pouvoir judiciaire sous la direction du ministre de la justice.

L'État républicain a pour devise les trois mots : *liberté, égalité, fraternité.* Tous les citoyens ont le devoir de travailler dans la mesure de leurs forces à la réalisation de cette noble devise qui est en harmonie parfaite avec la grande parole du Christ : « Aimez-vous les uns les autres comme des frères ! »

10. — On appelle *droit des gens,* l'ensemble des lois qui président aux rapports des nations entre elles. Le droit des gens interdit les balles empoisonnées, les gaz asphyxiants, les massacres inutiles, etc...

Lorsque deux ou plusieurs États ont fait entre eux des conventions particulières qu'on appelle *traités,* ils doivent les respecter. Les traités sont la parole d'honneur des peuples.

CHAPITRE VI

DEVOIRS ENVERS DIEU

Le sentiment religieux. — Aristote avait défini
l'homme un animal *politique*. On pourrait avec plus de
raison encore, dit Paul Janet, le définir un animal
religieux, et un naturaliste contemporain n'a pas craint
de se servir de ce caractère pour distinguer l'homme
de tous les autres animaux [1]. La religion n'est donc
pas une invention *artificielle*, imaginée par les prêtres,
comme on le répète quelquefois, elle est un produit
naturel de l'esprit humain. Le sentiment religieux est
inné dans l'humanité, il fut toujours inséparable de sa
vie à travers les siècles, et, aucune puissance, aucune
violence ne pourra le détruire en elle, parce qu'il lui
tient pour ainsi dire aux entrailles.

Un tel sentiment peut prendre des formes très
variées, mais il se réduit toujours à ce que Bossuet
appelle si justement le *besoin de Dieu*. Besoin de l'éternel et de l'infini pour un être qui se sent borné et
éphémère, besoin de l'immuable pour un être mobile
et changeant comme l'eau qui s'écoule, besoin de

1. P. Janet. *Ouv. cit.*, p. 268.

l'absolu, en tout, dans le bien, le vrai et le beau, pour un être épris de la perfection et de l'idéal et qui ne réussit jamais à les atteindre : tel est le fond de notre nature. « L'âme humaine, dit Platon, lève, comme l'oiseau, ses yeux vers le ciel. » On connaît aussi ces beaux vers de Lamartine :

> Borné dans sa nature, infini dans ses vœux
> L'homme est un dieu tombé qui se souvient des cieux.

« Tous les progrès industriels, scientifiques, sociaux, supposez-les accomplis : l'âme humaine meurt encore d'indigence. Vous lui offrez le fini, et c'est de l'infini que nous avons besoin — je dis de l'Être infini, vivant et présent — pour animer et remplir ce vaste univers qui, sans lui, nous paraît un désert vide. La présence de Dieu rend sacrés à nos yeux notre propre personne, et notre prochain, et la nature entière. Il vaut alors la peine de vivre puisque la vie a un fond stable, éternel, un fond divin. J'élève mon enfant, j'en fais un homme intelligent et libre : c'est trop peu... Un homme honnête et probe : c'est encore trop peu... Un homme charitable, dévoué à ses semblables et à son pays : c'est encore trop peu, vous dis-je. Je ne l'ai pas institué tout entier. Je veux qu'il ait entrevu la vie éternelle, et que la pensée toujours présente de cette vie éternelle, et de cet Être éternel où se meut sa propre existence, ait achevé de le sacrer véritablement homme, en le sacrant fils de Dieu [1]. »

---

1. F. Pécaut. *De l'esprit religieux dans l'éducation.* Cité par Gabriel Compayré, *Félix Pécaut et l'éducation de la conscience*, 1904, p. 78.

Cette sorte de nostalgie du divin atteste et prouve que l'homme a pour cause et pour fin un Être suprême, d'où il est sorti par la vie, et vers qui il aspire de toutes ses forces jusqu'à ce qu'il retourne à lui par la mort. Cet Être, c'est Dieu.

Existence de Dieu. — Dieu existe. Cette vérité qui s'impose avec une force souveraine dans les profondeurs de la conscience, peut être démontrée : la *raison* et l'*histoire* prouvent Dieu.

1º La Raison. — *Un effet, quel qu'il soit, suppose toujours une cause qui l'a produit.* C'est ce que l'on appelle en philosophie le principe de causalité. Forts de ce principe, nous nous contenterions de sourire, sans prendre même la peine de répondre, si quelqu'un venait nous dire, par exemple, que notre maison s'est faite toute seule. Or le monde existe. Qui donc l'a fait ? C'est une cause première, sans commencement ni fin, dans laquelle tout ce qui a commencé d'être trouve son explication, sa *raison suffisante.* Cette cause première, voilà Dieu. — Mais, objectera-t-on peut-être, ce Dieu lui-même est un effet sans cause puisqu'il est éternel et que rien n'a pu exister avant lui ; que devient alors le principe de causalité invoqué tout à l'heure ? Nous répondons qu'il n'y a là aucune contradiction et que c'est la raison elle-même qui nous oblige à nous arrêter, dans la recherche des causes, à une cause *première.* Supposons, en effet, une série infinie de causes, nous ne ferons que reculer sans cesse la difficulté, et, pour ne point vouloir nous arrêter à un principe qui serve d'explication à tout, y compris lui-même, nous serons obligés d'admettre une série sans fin d'effets qui, en réalité, resteront sans cause, puisque, dans l'hypothèse, toute cause à peine admise devient aussitôt l'effet d'une cause précédente, et ainsi de suite, à l'infini. Sans doute le mystère d'un Dieu éternel, principe et cause de tout ce qui est, dépasse la raison humaine, mais du moins il ne la contredit pas. Bien plus, c'est la raison elle-même qui affirme la nécessité d'une cause première, sous peine de renier le principe de causalité, et de sombrer dans l'absurdité scientifique.

Ce n'est pas seulement l'*existence* du monde qui prouve Dieu, mais encore l'*ordre* et l'*art* qui y règnent. En effet, lorsque nous nous trouvons, par exemple, en face d'une machine aux rouages multiples et ingénieusement combinés, ou lorsque l'occasion s'offre à nous d'admirer quelque chef-d'œuvre en peinture ou en sculpture, n'est-il pas vrai que notre première préoccupation est de nous enquérir du nom de l'auteur? Or rien n'égale l'ordre admirable de l'univers et sa majestueuse harmonie. La succession régulière des jours et des nuits, la variété des saisons, les lois de l'attraction des corps, l'organisation précise et minutieuse de tous les êtres en vue des fonctions qu'ils doivent accomplir, tout cela ne forme-t-il pas un spectacle capable de jeter dans le ravissement les plus indifférents? Quel est donc l'ouvrier incomparable, le grand artiste qui a fait ces choses? Ce n'est pas un homme, car l'œuvre est au-dessus des forces humaines, ce n'est pas davantage, comme on l'a prétendu, une puissance supérieure, mais aveugle et irréfléchie, car « quelle plus grande absurdité, dit Montesquieu, qu'une telle puissance qui aurait produit des êtres intelligents? » Il reste donc que ce soit un Dieu d'une intelligence et d'une puissance infinies.

En résumé, c'est l'œuvre qui révèle l'artisan. Les cieux racontent la gloire de Dieu, et le firmament révèle les œuvres de ses mains[1].

2º L'HISTOIRE. — « Il n'est point de peuple si barbare, si féroce qu'il soit, affirme Cicéron[2], qui, malgré son ignorance du vrai Dieu, ne rende hommage à quelque dieu. » Il serait facile d'établir, l'histoire en main, la vérité de cette assertion. Pour commencer par un des peuples les plus anciens, les Égyptiens, nous savons que la religion était en grand honneur parmi eux. Ils avaient, entr'autres croyances, une foi vive dans l'immortalité de l'âme, et ils n'embaumaient les cadavres avec tant de soin que pour favoriser à l'âme son retour dans un corps qu'elle devait retrouver intact. Les Assyro-Chaldéens et les Phéniciens adoraient les astres. Comme beaucoup d'autres peuples, ils se trompaient sur l'objet de leur croyance, mais ils n'en rendaient pas moins hommage à la divinité. Les Juifs choisis par Dieu lui-même, pour être les gardiens de la vérité parmi les erreurs et les superstitions païennes, rendaient un culte à Jéhovah, dieu unique, créateur du ciel et de la terre, maître des vivants et des morts, dispensateur des récompenses et des peines dans la vie future. Chez les Perses, le dieu très grand, très bon,

1. Psaume XVIII.
2. Cicéron. *De legibus*, livre I, 8.

créateur du monde, s'appelait Ormuzd, mais il avait à lutter contre un autre dieu, nommé Ahriman, esprit mauvais et destructeur, répandant le mal partout. Pour être sauvé, il fallait repousser les tentations d'Ahriman et rester fidèle à Ormuzd. La religion des Grecs est bien connue. Qui n'a entendu parler de Jupiter, d'Apollon, de Neptune, de Junon, de Minerve, etc..., de tous ces dieux et de toutes ces déesses dont les légendes sont racontées dans la *Mythologie?* C'est pour avoir osé toucher à ces divinités que Socrate, dont la grande âme était éprise d'une religion plus raisonnable et d'une morale plus haute fut condamné par le tribunal du peuple à boire la ciguë. A Rome, la religion et le culte remplissaient la vie publique et privée. Dans la vie privée, les dieux présidaient à tous les événements de la famille, naissance, mariage ou mort, et ils étaient censés y prendre une part active. Les croyances religieuses de l'ancienne Rome remplacèrent chez nos ancêtres les Gaulois le culte de Teutatès, jusqu'au jour où le christianisme s'introduisit dans notre pays et y prospéra au point d'être, aujourd'hui, sous le nom de catholicisme romain, la religion de 37.500.000 Français. L'antiquité ne nous fournit donc aucun exemple d'un peuple athée. On peut en dire autant des temps modernes. A notre époque, les peuples de l'Europe professent principalement trois religions : le catholicisme, le protestantisme et la religion grecque orthodoxe. En Asie, les cultes dominants sont le boudhisme, le brahmanisme et le fétichisme. L'Afrique est partagée entre le mahométisme et le fétichisme, et l'Amérique entre le catholicisme et le protestantisme. Enfin, pour ce qui est de l'Océanie, M. de Quatrefages a démontré, dans son beau livre intitulé : *Unité de l'espèce humaine*, que les tribus australiennes, encore sauvages, adorent l'esprit du bien, nommé Coyan, et ont la terreur de l'esprit du mal qui s'appelle Fatayan.

Nous espérons que cette rapide esquisse aura suffi à prouver que l'homme est un être essentiellement religieux. Nous avons constaté qu'il l'a été *partout* et *toujours* et c'est l'histoire elle-même qui nous en a fourni la preuve. Ce ne sont donc pas seulement les cieux qui racontent la gloire de Dieu, mais tous les peuples depuis l'origine de l'humanité. Et puisque nous avons invoqué en commençant l'autorité de Cicéron, nous terminerons par cette conclusion qui est encore de lui. Dieu existe parce qu'il est nécessaire qu'une croyance qui est inhérente à l'esprit humain soit vraie.

Devoirs religieux. — Dieu est, et rien n'existe que par Dieu. C'est de sa toute puissance et de sa souveraine bonté que nous tenons la vie, l'intelligence, la liberté, le don merveilleux de la parole, en un mot tout ce que nous sommes et tout ce que nous avons.

Or la toute puissance de Dieu exige de nous le respect, et sa bonté infinie appelle notre amour et notre confiance. *Respect, amour, confiance*, tels sont donc nos principaux devoirs envers la Divinité.

Respecter Dieu, c'est le craindre. C'est, dit Victor Cousin, redouter les jugements de Celui qui est la sainteté même, qui connaît nos actions et nos intentions, et qui les jugera comme il convient à la suprême justice.

Aimer Dieu, c'est donner le meilleur, le plus pur de son cœur à celui qui est la parfaite bonté et la source de tout amour.

Avoir confiance en Dieu, c'est précisément ne jamais douter de sa puissance et de son amour, c'est s'abandonner sans arrière-pensée aux secrets desseins de la *Providence*, c'est traverser cette vie terrestre, avec ses tristesses et ses joies, les yeux levés vers le *Père* qui est dans les cieux.

Ces sentiments mélangés, confondus en un seul, sont ce qu'on appelle l'*adoration*.

L'ensemble des actes par lesquels se manifeste l'adoration, s'appelle *culte*. Il y a deux sortes de culte : le culte intérieur ou privé, le culte extérieur ou public. Elever son âme dès le réveil et la faire monter encore, avant le repos du soir, vers le Maître des jours et des nuits, offrir ses travaux, ses luttes, ses joies, ses souffrances à l'auteur de tout bien et au rémunérateur de tout mérite, enfin adorer au sanctuaire de la conscience la Beauté parfaite dont les beautés humaines ne sont que de faibles et pâles rayons : voilà le *culte privé*. Se joindre à d'autres hommes animés de la même foi et des mêmes espérances pour prier Dieu dans son temple, pour l'adorer dans la magnificence des cérémonies sacrées, pour lui rendre de solennelles actions de grâces : voilà le *culte public*.

Officielle ou privée, la prière est un mouvement naturel à l'homme. Lorsqu'il se considère lui-même si petit, si faible et « comme égaré dans ce recoin de l'univers », l'homme « entre en effroi » selon le beau mot de Pascal., et un cri d'appel s'échappe de son cœur vers l'infinie puissance de Dieu : c'est la *prière.*

On s'est demandé quelquefois s'il était vraiment utile de prier. Dieu ne connaît-il pas tous nos besoins? N'est-il pas notre père pour y pourvoir? Savons-nous mieux que lui ce qu'il nous faut? C'est J.-J. Rousseau qui présente cette objection, mais voici l'admirable réponse qu'il y fait immédiatement : « Le plus grand de nos besoins, le seul auquel nous pouvons pourvoir, est celui de sentir nos besoins; et le premier pas pour sortir de notre misère est de la connaître. Soyons humbles pour être sages; voyons notre faiblesse et nous serons forts... Esclaves par notre faiblesse, nous sommes libres par la prière; car il dépend de nous de demander et d'obtenir la force qu'il ne dépend pas de nous d'avoir par nous-mêmes[1]. »

Nous devons nous arrêter après ces considérations générales sur les devoirs de l'homme envers Dieu. Aller plus loin serait envahir le domaine de l'enseignement religieux proprement dit et dépasser le but que nous nous sommes proposé. Un manuel de Morale qui explique et développe un programme défini n'est pas un *catéchisme.* Le Manuel de Morale prouve la religion et enseigne les devoirs religieux au nom de la raison humaine. Le catéchisme démontre que cette religion n'est pas seulement une institution *naturelle,* en conformité avec la raison, mais une institution *divine* et *positive,* divine parce qu'elle a Dieu pour auteur, positive, parce que Dieu lui-même a fait connaître à

1. J.-J. Rousseau. *Nouvelle Héloïse,* VI, vi.

l'homme, *par la révélation*, la manière dont il devait être honoré,

Ce chapitre resterait incomplet, si, après avoir parlé de nos devoirs envers Dieu, nous ne disions quelques mots sur nos droits religieux.

Nous terminerons donc par une page d'opportunité empruntée au cours de Morale de notre premier et regretté maître de philosophie, Paul Janet.

Droits religieux. — « Les devoirs religieux ont comme correspondants les *droits religieux* : car si c'est un devoir pour la conscience d'honorer le Créateur, ce doit être pour elle un droit. Pour ceux-là même qui ne se croient pas des obligations à l'égard de Dieu, ils doivent respecter la liberté de ceux qui les reconnaissent. Le droit d'avoir un culte et de le pratiquer est ce qu'on appelle la *liberté de conscience*[1]. »

Le premier droit que je réclame dit un éloquent écrivain[2], c'est un droit tout intérieur, c'est la liberté de conscience dont le premier acte est la *liberté de croire* ou la *foi*.

« Libre dans le secret de ma pensée, serai-je réduit à un culte muet? Ne pourrai-je exprimer ce que je pense? La foi est expansive et veut être exprimée au dehors. Je ne puis lui refuser son expression sans la violenter, sans offenser Dieu, sans me rendre coupable

1. L'article 2 des Droits de l'homme proclamés *en présence et sous les auspices de l'Être Suprême* est ainsi conçu : « Nul ne peut être inquiété pour ses opinions, même religieuses. pourvu que leur manifestation ne trouble pas l'ordre public établi par la loi. »

2. J. Simon. *La liberté de conscience*, 4ᵉ leçon (Paris, 1857).

d'ingratitude. Je ne puis surtout adorer un Dieu qui n'est pas le mien. Ainsi la liberté de croire n'est qu'un leurre sans la *liberté de prier*, c'est-à-dire sans la *liberté du culte*.

« Maintenant suffit-il de prier ? Cette expression solitaire de ma foi, de mon amour, de mon ignorance suffit-elle aux besoins de mon cœur et à mes devoirs envers Dieu ? Oui, si l'homme est fait pour être seul ; non, s'il a des frères. Je suis né pour la société ; j'ai des devoirs envers elle comme envers Dieu ; ma croyance me commande également de prier et d'enseigner. Il faut que ma voix puisse se faire entendre, et, qu'en marchant vers ma destinée, j'y entraine avec moi, dans la mesure de mon possible, tous ceux qui voudraient me suivre. C'est la liberté d'enseigner ma foi, ou la *liberté de propagande*.

« Croire, prier, enseigner, voilà tout le culte. Mais quoi ! puis-je me croire libre dans ma foi, si l'on ne me permet pas de prier, et de prier publiquement et d'enseigner ma doctrine, sinon à la condition de perdre, en la confessant, mes droits d'homme et de citoyen ? Il faut évidemment pour qu'il n'y ait pas d'attentat à ma liberté, que ma croyance ne me coûte rien ; qu'elle ne m'ôte ni un droit civil, ni un droit politique. Tout cela est compris dans ce mot de *liberté de conscience :* tout à la fois le droit de croire, le droit de prier, le droit d'enseigner, et le droit d'user de cette triple liberté, sans souffrir aucune diminution dans sa dignité d'homme et de citoyen [1]. »

1. P. Janet. *Ouv. cit.*, p. 289-290.

RÉSUMÉ

1. — Le sentiment religieux ou *besoin de Dieu* est naturel à l'humanité, il fait partie de sa vie et il ne disparaîtra qu'avec elle.

2. — Dieu existe : la *raison,* l'*histoire* de l'humanité prouvent Dieu.

3. — Nos principaux devoirs envers Dieu sont : le *respect,* l'*amour,* la *confiance.* Ces sentiments mélangés, confondus en un seul, ne prennent plus qu'un seul nom qui est l'*adoration.*

L'ensemble des actes par lesquels se manifeste l'adoration s'appelle *culte.* Il y a le culte *intérieur* ou privé et le culte *extérieur* ou public. Tout culte, quel qu'il soit, est une *prière,* c'est-à-dire un cri d'appel de l'homme faible et misérable vers l'infinie puissance de Dieu.

4. — Les devoirs envers Dieu ont pour correspondants les *droits religieux.* Ils se résument dans la *liberté de conscience* ou le droit d'avoir un culte religieux et de le pratiquer. La liberté de conscience comprend : la *liberté de croire* ou la *foi,* la *liberté de prier* selon sa foi, et enfin la *liberté d'enseigner* sa foi.

DEUXIÈME PARTIE

LECTURES MORALES

(Correspondant aux différents chapitres de ce Manuel)

CHAPITRE PREMIER

LE DEVOIR

L'accomplissement du devoir, voilà, jeunes élèves, et le véritable but de la vie et le véritable bien. Vous le reconnaissez à ce signe qu'il dépend uniquement de votre volonté de l'atteindre, et à cet autre qu'il est également à la portée de tous, du pauvre comme du riche, de l'ignorant comme du savant, du pâtre comme du roi, et qu'il permet à Dieu de nous jeter tous dans la même balance, et de nous peser avec les mêmes poids. C'est à sa suite que se produit dans l'âme le seul vrai bonheur de ce monde, et le seul aussi qui soit également accessible à tous et proportionné pour chacun à son mérite, le contentement de soi-même. Ainsi, tout est juste, tout est conséquent, tout est bien ordonné dans la vie, quand on la comprend comme Dieu l'a faite, quand on la restitue à sa vraie destination.

JOUFFROY. *Nouveaux mélanges.*

LA CONSCIENCE

Lorsqu'avec ses enfants vêtus de peaux de bêtes,
Échevelé, livide, au milieu des tempêtes,

Caïn se fut enfui de devant Jéhovah,
Comme le soir tombait, l'homme sombre arriva
Au bas d'une montagne en une grande plaine;
Sa femme fatiguée et ses fils hors d'haleine
Lui dirent : — Couchons-nous sur la terre et dormons. —
Caïn, ne dormant pas, songeait au pied des monts.
Ayant levé la tête, au fond des cieux funèbres,
Il vit un œil tout grand ouvert dans les ténèbres,
Et qui le regardait dans l'ombre fixement.
— Je suis trop près, dit-il, avec un tremblement.
Il réveilla ses fils dormant, sa femme lasse,
Et se remit à fuir sinistre dans l'espace.
Il marcha trente jours, il marcha trente nuits.
Il allait muet, pâle et frémissant aux bruits,
Furtif, sans regarder derrière lui, sans trêve,
Sans repos, sans sommeil. Il atteignit la grève
Des mers dans le pays qui fut depuis Assur.
— Arrêtons-nous, dit-il, car cet asile est sûr.
Restons-y. Nous avons du monde atteint les bornes. —
Et comme il s'asseyait, il vit dans les cieux mornes
L'œil à la même place au fond de l'horizon.
Alors il tressaillit en proie au noir frisson.
— Cachez-moi ! cria-t-il ; et le doigt sur la bouche
Tous ses fils regardaient trembler l'aïeul farouche.
Caïn dit à Jabel, père de ceux qui vont
Sous des tentes de poil dans le désert profond :
— Étends de ce côté la toile de la tente. —
Et l'on développa la muraille flottante;
Et quand on l'eut fixée avec des poids de plomb :
— Vous ne voyez plus rien ? dit Tsilla, l'enfant blond,
La fille de ses fils, douce comme l'aurore;
Et Caïn répondit : — Je vois cet œil encore ! —
Jubal, père de ceux qui passent dans les bourgs
Soufflant dans des clairons et frappant des tambours,
Cria : — Je saurai bien construire une barrière ! —
Il fit un mur de bronze et mit Caïn derrière.

Et Caïn dit : — Cet œil me regarde toujours ! —
Hénoch dit : — Il faut faire une enceinte de tours
Si terrible, que rien ne puisse approcher d'elle.
Bâtissons une ville avec sa citadelle.
Bâtissons une ville et nous la fermerons. —
Alors Tubalcaïn, père des forgerons,
Construisit une ville énorme et surhumaine.
Pendant qu'il travaillait, ses frères, dans la plaine,
Chassaient les fils d'Énos et les enfants de Seth ;
Et l'on crevait les yeux à quiconque passait ;
Et le soir on lançait des flèches aux étoiles.
Le granit remplaça la tente aux murs de toiles,
On lia chaque bloc avec des nœuds de fer,
Et la ville semblait une ville d'enfer ;
L'ombre des tours faisait la nuit dans les campagnes ;
Ils donnèrent aux murs l'épaisseur des montagnes ;
Sur la porte on grava : « Défense à Dieu, d'entrer. »
Quand ils eurent fini de clore et de murer,
On mit l'aïeul au centre en une tour de pierre,
Et lui restait lugubre et hagard. — O mon père !
L'œil a-t-il disparu ? dit en tremblant Tsilla.
Et Caïn répondit : — Non, il est toujours là. —
Alors il dit : — Je veux habiter sous la terre
Comme dans son sépulcre un homme solitaire ;
Rien ne me verra plus ; je ne verrai plus rien. —
On fit donc une fosse, et Caïn dit : — C'est bien ! —
Puis il descendit seul sous cette voûte sombre.
Quand il se fut assis sur sa chaise, dans l'ombre,
Et qu'on eut sur son front fermé le soutérrain,
L'œil était dans la tombe et regardait Caïn.

V. Hugo. *La légende des siècles.*
La Conscience (Hetzel, éditeur).

LE CHRÉTIEN MOURANT
(ou de l'immortalité).

Qu'entends-je ? autour de moi l'airain sacré résonne !
Quelle foule pieuse en pleurant m'environne ?
Pour qui ce chant funèbre et ce pâle flambeau ?
O mort ! est-ce ta voix qui frappe mon oreille
Pour la dernière fois ? Hé quoi ! je me réveille
Sur le bord du tombeau !

O toi, d'un feu divin précieuse étincelle,
De ce corps périssable habitante immortelle,
Dissipe ces terreurs : la mort vient t'affranchir !
Prends ton vol, ô mon âme, et dépouille tes chaînes !
Déposer le fardeau des misères humaines
Est-ce donc là mourir ?

Oui, le temps a cessé de mesurer mes heures.
Messagers rayonnants des célestes demeures,
Dans quels palais nouveaux allez-vous me ravir ?
Déjà, déjà je nage en des flots de lumière,
L'espace devant moi s'agrandit, et la terre
Sous mes pieds semble fuir.

Mais qu'entends-je ? Au moment où mon âme s'éveille,
Des soupirs, des sanglots ont frappé mon oreille !
Compagnons de l'exil, quoi ! vous pleurez ma mort !
Vous pleurez ! et déjà dans la coupe sacrée,
J'ai bu l'oubli des maux, et mon âme enivrée
Entre au céleste port.

LAMARTINE. *Méditations poétiques.*
(Hachette, éditeur).

———

CHAPITRE II

QUELQUES RÈGLES D'HYGIÈNE
d'après Platon.

La vie des jeunes gens doit être simple et frugale. Il faut en écarter le luxe, les tables de Syracuse, les cuisines de Corinthe et les friandises si recherchées de l'Attique. Des sens trop nourris épaississent l'âme et la détournent de la contemplation des Idées.

La tempérance est ce qu'il y a de meilleur pour l'État et pour les individus. Car, d'une part, elle nous rend soumis à ceux qui commandent, de l'autre, elle nous assure la maîtrise de nous-mêmes en tout ce qui concerne le boire, le manger et les plaisirs.

C'est pourquoi il faut interdire aux enfants l'usage du vin jusqu'à l'âge de dix-huit ans, car ce serait verser un nouveau feu sur le feu qui dévore leur corps et leur âme. De dix-huit à trente ans, les hommes pourront boire du vin modérément. A l'âge de quarante seulement ils pourront se livrer à la joie des banquets, inviter Dionysos[1] avec cette divine liqueur dont il fit présent aux hommes pour les consoler et les rajeunir dans leur vieillesse.

1. Le dieu du vin (mythologie).

Un régime qui accorde trop au sommeil est nuisible. Quiconque veut avoir le corps sain et l'esprit libre doit se tenir éveillé le plus longtemps possible, et ne prendre de sommeil que ce qu'il en faut pour la santé. Or, il en faut peu, lorsqu'on a su s'en faire une bonne habitude, et c'est de grand matin que les enfants devront se rendre chez leurs maîtres.

PLATON. *République*, III, 404 D, 389 D et suiv., 404 A. — *Lois*, 666 A, B, C, 808 B et suiv.

(Edition Teubner).

L'INDISCRÉTION

Voici un petit détail des plus communes indiscrétions qu'il faut tâcher d'éviter avec soin, si l'on ne veut pas être fort désagréable en société :

Choisir la place la plus commode ; prendre ce qu'il y a de meilleur sur la table ; interrompre ceux qui parlent ; parler trop haut ; montrer par quelque air du visage que ce que l'on dit vous fâche ou vous ennuie, et qu'on le trouve trop long ; parler de soi, de ses sentiments, de ses aventures, de sa naissance, de sa famille, de ses répugnances, de ses inclinations, de sa santé, de ses maladies ; non point que l'on ne puisse faire quelquefois quelques-unes de ces choses-là, mais il faut que cela soit rare ; dire dans ce que l'on raconte des circonstances inutiles ; allonger ce que l'on dit, au lieu de le raccourcir ; ne pas montrer d'attention à ce que l'on nous dit ; parler bas à l'oreille devant quelques personnes à qui l'on doit du respect ; parler ou faire du bruit à un spectacle, en cérémonie; parler de quelque défaut devant ceux qui l'ont; parler pour parler, sans qu'il y ait de l'utilité ou du plaisir pour les autres; rire immodérément; se mettre devant le jour de quelqu'un qui travaille ou qui fait quelque autre chose; s'approcher de trop près de quelqu'un qu'on respecte; ne pas écouter une lecture où l'on se trouve; ne pas attendre la fin d'une histoire qui nous ennuie; se trop presser de dire ce qu'on vient d'apprendre; montrer qu'on savait ce qu'on veut dire; se servir de ce qui est aux autres; parler trop vivement; hasarder de gâter ce qui est aux autres; montrer qu'on voit et qu'on entend ce qu'on veut vous cacher; écouter quelqu'un qui parle bas; dépenser librement ce qui n'est point à nous; faire des questions inutiles; montrer qu'on sait un secret; quand quelque chose devient public, montrer qu'on le savait; montrer qu'on devine ce qu'on ne nous veut pas dire; s'avancer trop; ne pas craindre de faire attendre; ne pas craindre d'incommoder les autres; emprunter trop facilement; garder trop longtemps ce qu'on emprunte; lire les lettres qu'on trouve; ne pas ménager ses domestiques sur leur travail, sur leurs pas, sur leur repos; présumer de ses forces, et pour le corps et pour l'esprit; se pousser trop par des austérités qui ne sont pas de notre état, sans prévoir que nous manquons ensuite à ce qui en est, parler de sa conscience à ceux qui n'en sont pas chargés; parler trop de ses confesseurs; vouloir que les autres pensent et agissent comme nous; répondre trop facilement des autres; porter son jugement facilement, soit des choses, soit des personnes; agir et parler sans réflexion ; assurer ce qu'on n'a pas vu ; parler avec décision ; demander à une dame quel âge elle a ; regarder par dessus l'épaule ce qu'elle lit ou ce qu'elle écrit ; rire de ce qu'on entend point ; rire des façons des étrangers qui nous paraissent si singulières, ou de leur langage quand ils ne parlent pas bien le français.

Mme DE MAINTENON.
Instructions à la classe verte[1], 1716.

LA PATIENCE

On raconte que le maître d'Epictète esclave, se donna le plaisir de tordre la jambe de son esclave dans un instrument de torture et qu'Epictète lui dit tranquillement : « Vous allez me la casser. » Le maître ayant persisté dans ce jeu cruel, et la jambe étant rompue, le philosophe se contenta d'ajouter : « Je vous l'avais bien dit. » Ce trait d'insensibilité stoïque fut tellement admiré, que plus tard, Celse, le plus intraitable adversaire du Christianisme, osait apostropher ainsi les Chrétiens : « Est-ce que votre Christ, au milieu de son supplice, a jamais rien dit de si beau ? » A quoi Origène repartit simplement : « Notre Dieu n'a rien dit et cela est encore plus beau. »

C. MARTHA. Les moralistes sous l'empire
romain (Hachette éditeur).

---

1. C'était par la couleur du ruban que l'on distinguait les classes de la maison de Saint-Cyr.

L'OISIVETÉ EST CRIMINELLE

Il n'y a point d'état et de profession où l'oisiveté ne soit un crime, et elle l'est encore plus dans les états supérieurs aux autres. Dites-moi un genre de vie où l'homme puisse être oisif, sans manquer aux devoirs essentiels de sa conscience?

Si ce jeune homme de qualité passe ses premières années dans les divertissements et les plaisirs, comment acquerra-t-il les connaissances qui sont le fondement nécessaire sur lequel il doit bâtir tout ce qu'il sera un jour? N'ayant pas ces connaissances, comment sera-t-il capable d'exercer les emplois où l'on le destinera; et s'engageant dans ces emplois avec une incapacité absolue, comment pourra-t-il s'y sauver? Quoi donc! Dieu lui donnera-t-il une science infuse au moment qu'il entrera en possession de cette dignité? Commencera-t-il à s'instruire, lorsqu'il sera question de juger et de décider? Fera-t-il l'apprentissage de son ignorance aux dépens d'autrui? Justifiera-t-il ses fautes et ses erreurs par l'oisiveté de sa jeunesse? Dira-t-il qu'il est excusable, parce qu'il a prodigué son temps qui lui devait être d'autant plus précieux qu'il ne pouvait plus être réparé? Cependant, chrétiens, rien de plus commun; car si le monde est aujourd'hui plein de sujets indignes et incapables de ce qu'ils sont, il n'en faut point chercher d'autre principe. La vie paresseuse et inutile des jeunes gens est la cause principale de ce désordre, et ce désordre, la source funeste de leur réprobation.

BOURDALOUE. *Dominicales.*

Sermons pour le dimanche de la Septuagésime.
(*Sur l'oisireté*, 2e partie).

JEANNE D'ARC, MODÈLE DE COURAGE
La prise des Tourelles [1].

... L'action ne tarda pas à s'engager. La garnison anglaise renfermée dans les Tourelles était disposée à vaincre ou à mourir.

Les Français, de leur côté, excités par l'exemple et la parole de la Pucelle, faisaient des prodiges de valeur. Entrant dans les fossés malgré l'artillerie et les flèches des adversaires, se hissant par tous les moyens jusqu'à la hauteur du rempart, ils se croyaient, semblait-il, invulnérables. Mais quand ils étaient arrivés au faîte des fortifications, les lances, les haches, les maillets de plomb s'abattant sur eux, rendaient leurs efforts inutiles. Sans se décourager, ils recommençaient bravement l'assaut. Jeanne, au premier rang, servant de cible à l'ennemi, loin de s'en émouvoir, ne paraissait que plus ardente et ne cessait de crier :

— Espérez en Dieu, les Anglais seront battus, la place est vôtre !

---

1. Place forte, de la rive gauche de la Loire, près d'Orléans.

Toutefois, les forces humaines ont une limite.

Vers une heure de l'après-midi, la jeune fille voit ses soldats épuisés. Elle seule, soutenue par la force d'En Haut, est toujours remplie de la même vigueur. L'heure de la victoire prédite par ses Saintes n'a-t-elle pas encore sonné?

Voulant à son tour tenter l'assaut, elle s'empare d'une échelle et la dresse contre le rempart. Les Anglais ont reconnu celle qu'ils exècrent; leurs meilleurs archers la visent, une grêle de traits s'abat sur elle et une flèche lui transperce l'épaule.

La Pucelle roule dans le fossé. A cette vue, les ennemis bondissent de joie et de triomphe, tandis que les Français sont dans l'épouvante.

On emporte l'héroïne loin du rempart; elle est déposée sur l'herbe, le trait sortait d'un demi-pied de l'autre côté de la poitrine.

... Énergiquement, Jeanne arrache elle-même le trait de la blessure et, sur la plaie, on applique une compresse d'huile d'olives. Immédiatement après, elle se confesse, en versant d'abondantes larmes.

Profitant de cet instant, les chefs se sont retirés et ont tenu un rapide conseil. Pourquoi s'obstiner à continuer un combat qui tourne si mal? La prudence ne veut-elle pas qu'on rentre dans Orléans pour réparer tant de pertes et attendre de nouveaux renforts? Les capitaines sont unanimes sur ce point, ils se dirigent vers la blessée et lui annoncent leur décision. En vain, plus courageuse que tous ces vieux guerriers, la jeune fille les suppliera-t-elle de tarder encore un peu; ses paroles enflammées ne trouvent pas d'écho dans leur cœur ; elle entend le Bâtard d'Orléans donner l'ordre de sonner la retraite.

Alors Jeanne tressaille, elle se relève comme si elle n'avait aucun mal, et, avec le ton de l'autorité, leur communique la volonté du ciel :

— Au nom de Dieu, s'écrie-t-elle solennellement, vous entrerez bientôt dans les Tourelles. Quand vous verrez flotter mon étendard vers la Bastille, reprenez vos armes, elle sera vôtre. Maintenant, reposez-vous un peu, buvez et mangez pour prendre des forces.

Ce langage viril ébranle les chefs ; ils se sentent irrésistiblement gagnés et obéissent.

Quant à la Pucelle, au lieu de manger ou de se reposer, elle demande son cheval. Oubliant fatigue et blessure, elle saute en selle, laisse son étendard aux mains de d'Aulon et se dirige avec un chevalier vers une vigne située à quelque distance. Là, elle met pied à terre et dit à son compagnon :

— Ne quittez pas des yeux mon étendard ; quand il touchera le rempart, avertissez-moi.

Ensuite, elle s'agenouille, se recueille en Dieu, réclamant son puissant appui, et montrant une fois de plus à l'armée et à la France que du ciel lui vient tout secours.

Pendant qu'elle prie, d'Aulon ne peut contenir sa généreuse ardeur. Il confie l'étendard à l'un des plus braves soldats de sa compagnie, nommé le Basque. Puis, se couvrant de son bouclier pour se protéger des pierres lancées par les Anglais, il s'avance dans le fossé, suivi de près par son compagnon. La bannière flottant au gré du vent touche bientôt le rempart.

... Jeanne remonte immédiatement à cheval, et piquant des deux vers l'ennemi :

— En avant ! En avant ! s'exclame-t-elle. Tout est vôtre !

Elle s'élance vers son étendard qu'elle veut reprendre en main, mais le Basque ne prétend pas se séparer du précieux dépôt et avec lui se porte contre le rempart. L'héroïne le suit, traverse le fossé ; rejoignant enfin le soldat, elle lui enlève sa bannière, puis, d'un geste énergique, la plante dans le remblai de l'ouvrage assiégé, en répétant :

— Tout est vôtre, entrez ici !

Les Français électrisés se précipitent à l'assaut. Ils ressentent je ne sais quelle miraculeuse force ; eux-mêmes racontèrent plus tard qu'ils gravirent le rempart escarpé aussi facilement qu'ils eussent monté les marches d'un escalier.

Les Anglais, remplis de stupeur à la vue de Jeanne qu'ils croyaient avoir tuée, sont saisis d'une terreur subite... Ils fuient. La vierge lorraine se met à leur poursuite... et, bientôt, elle fait flotter au sommet des Tourelles son étendard victorieux.

Mgr HENRI DEBOUT. Jeanne d'Arc.
(Maison de la Bonne Presse, 5, rue Bayard, Paris.)

CHAPITRE III

AUX ÉDUCATEURS

*Que l'éducateur doit prendre d'abord de l'autorité
sur les enfants.*

J'appelle autorité un certain air et un certain ascendant qui imprime le respect et se fait obéir. Ce n'est ni l'âge, ni la grandeur de la taille, ni le ton de la voix, ni les menaces, qui donnent cette autorité ; mais un caractère d'esprit égal, ferme, modéré, qui se possède toujours, qui n'a pour guide que la raison, et qui n'agit jamais par caprice ni par emportement.

C'est cette qualité, ce talent, qui tient tout dans l'ordre, qui établit une exacte discipline, qui fait observer les règlements, qui épargne les réprimandes, et qui prévient presque toutes les punitions.

Or, c'est dès le premier abord, dès le commencement, que les parents et les maîtres doivent prendre cet ascendant. S'ils ne saisissent ce moment favorable et ne se mettent dès les premiers jours en possession de l'autorité, ils auront toutes les peines du monde à y revenir, et l'enfant sera le maître.

Animum, et l'on peut dire aussi, *puerum rege : qui,*

nisi paret, imperat[1]. Cela est vrai à la lettre ; et l'on aurait de la peine à le croire, si une expérience constante ne le montrait tous les jours. Il y a dans le fond de l'homme un amour de l'indépendance, qui se montre et se développe dès l'âge le plus tendre, et dès la mamelle. Que signifient ces cris, ces pleurs, ces gestes menaçants, ces yeux étincelants de colère, dans un enfant qui veut à toute force obtenir ce qu'il demande, ou qui est piqué de jalousie contre un autre ? « J'ai vu, dit saint Augustin, un enfant jaloux. Il ne savait pas encore parler ; et, avec un visage pâle, il lançait des regards furieux contre un autre enfant qui tétait avec lui[2]. »

Voilà le temps et le moment de rompre cette mauvaise inclination dans un enfant, en l'accoutumant dès le berceau à dompter ses désirs, à n'avoir point de fantaisies, en un mot à céder et à obéir. Si on ne leur donnait jamais ce qu'ils auraient demandé en pleurant, ils apprendraient à s'en passer ; ils n'auraient garde de criailler et de se dépiter pour se faire obéir ; et ils ne seraient pas, par conséquent, si incommodes à eux-mêmes ni aux autres qu'ils le sont, pour n'avoir pas été éconduits de cette manière dès leur première enfance.

Quand je parle ainsi, ce n'est pas que je prétende qu'il ne faille avoir aucune indulgence pour les enfants ; je suis bien éloigné d'une telle disposition. Je dis seulement que ce n'est point à leurs pleurs, qu'il faut accorder ce qu'ils demandent ; et, s'ils redoublent

1. Horat., *lib. I, Epist. 2.*
2. *Conf., lib. I, cap. 7.*

leur importunité pour l'obtenir, il faut leur faire entendre qu'on le leur refuse précisément pour cette raison-là même.

Et ici l'on doit tenir pour une maxime indubitable, qu'après qu'on leur a refusé une fois quelque chose, il faut se résoudre à ne point l'accorder à leurs cris ou à leur importunité, à moins qu'on ait envie de leur apprendre à devenir impatients et chagrins, en les récompensant de ce qu'ils s'abandonnent au chagrin et à l'impatience.

On voit, chez certains parents, des enfants qui jamais à table ne demandent rien, quelques mets qu'il y ait devant eux, mais qui reçoivent avec plaisir, et en remerciant, ce qu'on leur donne. Dans d'autres maisons, il y en a qui demandent de tout ce qu'ils voient, et qu'il faut servir avant tout le monde. D'où vient une différence si notable ? De la différente éducation qu'ils ont reçue. Plus les enfants sont jeunes, moins on doit satisfaire leurs désirs déréglés. Moins ils ont de raison, plus il est nécessaire qu'ils soient soumis à l'absolue puissance et à la direction de ceux entre les mains de qui ils se trouvent. Quand une fois ils ont pris ce pli, et que l'habitude a rompu leur volonté, c'en est fait pour le reste de la vie, et l'obéissance ne leur coûte plus rien :

Adeo in teneris consuescere multum est [1].

Ce que j'ai dit des enfants au berceau, il faut l'appliquer à tous ceux qui sont dans un autre âge. Le premier soin d'un écolier qui a un nouveau maître, c'est

1. Géorg., I, 1, v. 272.

de l'étudier et de le sonder. Il n'y a rien qu'il n'essaye, point d'industrie et d'artifice qu'il n'emploie, pour prendre, s'il peut, le dessus. Quand il voit toutes ses peines et toutes ses ruses inutiles, que le maître, paisible et tranquille, y oppose une fermeté douce et raisonnable, mais qui finit toujours par se faire obéir, pour lors il cède et se rend de bonne grâce ; et cette espèce de petite guerre, ou plutôt d'escarmouche, où de part et d'autre on a tâté ses forces, se termine heureusement par une paix et une bonne intelligence qui répandent la douceur dans le reste du temps qu'on a à vivre ensemble.

Rollin.

Traité des études, VIII, 1re partie, art. III.

AUX ENFANTS

Les parents.

Vous êtes à vos parents un grand sujet de soucis. N'ont-ils pas sans cesse devant les yeux vos besoins de toute sorte, et ne faut-il pas qu'ils fatiguent sans cesse afin d'y subvenir ? Le jour, ils travaillent pour vous ; et la nuit encore, pendant que vous reposez, souvent ils veillent pour n'avoir pas, le lendemain, à vous répondre quand vous leur demanderez du pain : « Attendez, il n'y en a pas. »

Si vous ne pouvez maintenant partager leur tâche, efforcez-vous au moins de la leur rendre moins rude par le soin que vous prendrez de leur complaire et de les aider, selon votre âge, avec une tendresse filiale.

Vous manquez d'expérience et de raison : il est donc nécessaire que vous soyez guidés par leur raison et leur expérience, et ainsi, selon l'ordre naturel et la volonté de Dieu, vous devez leur obéir, prêter à leurs conseils, à leurs enseignements, une oreille docile. Les petits mêmes des animaux n'écoutent-ils pas leur père et mère, et ne leur obéissent-ils pas à l'instant lorsqu'ils les appellent ou les reprennent, ou les avertissent de ce qui leur nuirait ? Faites par devoir ce qu'ils font par instinct...

Il vient un temps où la vie décline, où le corps s'affaiblit, les forces s'éteignent ; enfants, vous devez alors à vos vieux parents les soins que vous reçûtes d'eux dans vos premières années. Qui délaisse son père et sa mère en leurs nécessités, qui demeure sec et froid à la vue de leurs souffrances et de leur dénûment, je vous le dis en vérité, son nom est écrit au livre du souverain Juge parmi ceux des parricides.

LAMENNAIS.

Le Livre du peuple, XII.

LE PÉCHÉ DE SCANDALE

Une des menaces de Dieu les plus terribles que je trouve dans l'Écriture, c'est celle-ci : qu'il nous demandera compte, non seulement de nous-mêmes, mais de notre prochain... Car c'est par vos sollicitations que votre frère s'est perdu ; c'est par vos discours licencieux que la pureté de son âme a été souillée ; c'est vous qui, par vos erreurs et par les détestables maximes de votre libertinage raffiné, lui avez gâté l'esprit ; c'est vous qui, par l'attrait et le charme de votre vie dissolue, lui avez empoisonné le cœur ; c'est vous qui l'avez dégoûté de ses devoirs ; vous qui, par vos railleries pleines d'irréligion, lui avez fait secouer le joug et abandonner toutes les pratiques du christianisme : s'il s'est engagé dans vos voies corrompues, c'est par la liaison qu'il a eue avec vous ; s'il s'est livré à toutes ses passions, c'est par la fausse gloire qu'il s'est faite de vous imiter ; s'il a contracté tous vos vices, c'est par le désir de vous plaire.

Voilà, dit Dieu dans son courroux, ce qui vous sera imputé et ce que je punirai par les plus sévères châtiments. Vous avez fait de cet homme un impie, et, entraîné par votre exemple, il a vécu et il est mort dans son iniquité ; mais son sang criera à mon tribunal bien plus haut que celui d'Abel ; il me demandera justice contre vous, et quelle sera votre défense ?...

BOURDALOUE.
Sermon sur le Scandale.

LES DOMESTIQUES

Sur la conduite qu'il faut tenir à leur égard.

Tâchez donc de vous faire aimer de vos gens sans aucune basse familiarité : n'entrez pas en conversation avec eux ; mais aussi ne craignez pas de leur parler assez souvent avec affection et sans hauteur sur leurs besoins. Qu'ils soient assurés de trouver en vous du conseil et de la compassion : ne les reprenez point aigrement de leurs défauts ; n'en paraissez ni surpris ni rebuté, tant que vous espérez qu'ils ne sont pas incorrigibles ; faites-leur entendre doucement raison, et souffrez souvent d'eux pour le service, afin d'être en état de les convaincre de sang-froid, que c'est sans chagrin et sans impatience que vous leur parlez, bien moins pour votre service que pour leur intérêt. Il ne sera pas facile d'accoutumer les jeunes personnes de qualité à cette conduite douce et charitable ; car l'impatience et l'ardeur de la jeunesse, jointe à la fausse idée qu'on leur donne de leur naissance, leur fait regarder les domestiques à peu près comme des chevaux : on se croit d'une autre nature que les valets ; on suppose qu'ils sont faits pour la commodité de leurs maîtres. Tâchez de montrer combien ces maximes sont contraires à la modestie pour soi, et à l'humanité pour son prochain.

Faites entendre que les hommes ne sont point faits pour être servis ; que c'est une erreur brutale de croire qu'il y ait des hommes nés pour flatter la paresse et l'orgueil des autres.

FÉNELON.

De l'éducation des filles, ch. XII.

CHAPITRE IV

BIENFAITS DE LA SOCIÉTÉ

LES MÉTIERS

Sans le paysan, aurais-tu du pain?
C'est avec le blé qu'on fait la farine,
L'homme et les enfants, tous mourraient de faim,
Si dans la vallée et sur la colline
On ne labourait et soir et matin.

Sans le boulanger, qui ferait la miche?
Sans le bûcheron, roi de la forêt,
Sans poutres, comment est-ce qu'on ferait
La maison du pauvre et celle du riche?
Même notre chien n'aurait pas sa niche.

Où dormirais-tu, dis, sans le maçon?
C'est si bon d'avoir sa chaude maison,
Où l'on est à table ensemble en famille!
Qui cuirait la soupe, au feu qui pétille,
Sans le charbonnier qui fait le charbon?

Sans le tisserand, qui ferait la toile?
Et sans le tailleur, qui coudrait l'habit?
Il ne fait pas chaud à la belle étoile!
Irons-nous tout nus le jour et la nuit?
Et l'hiver surtout, quand le nez bleuit?

Aime le soldat qui doit te défendre ;
Aime bien ta mère avec ton cœur tendre ;
C'est pour la défendre aussi qu'il se bat.
Quand les ennemis viendront te surprendre,
Que deviendrais-tu sans le bon soldat ?

Aimez les métiers, le mien et les vôtres,
On voit bien des sots, pas de sot métier ;
Et toute la terre est comme un chantier
Où chaque métier sert à tous les autres,
Et tout travailleur sert au monde entier.

J. Aicard. Le Livre des Petits.

(Delagrave, éditeur).

HONNÊTETÉ PROFESSIONNELLE

LA LÉGENDE DU FORGERON

Un forgeron forgeait une poutre de fer...

. . . .

Et tout en martelant le fer de ses bras nus,
Le brave homme songeait aux frères inconnus
A qui son beau travail serait un jour utile.
Et donc, en martelant la poutre qui rutile,
Il chantait le travail qui rend dure la main,
Mais qui donne un seul cœur à tout le genre humain.
Tout à coup la chanson du forgeron s'arrête.
« Ah ! dit-il tristement, en secouant la tête,
Mon travail est perdu, la barre ne vaut rien :
Une paille est dedans. Recommençons ! » — C'est bien !
Car le bon ouvrier est scrupuleux et juste,
Il ne craint pas l'effort de son torse robuste,
Il sait que ce qu'il doit est un travail bien fait...

. . . .

Et la poutre de fer, dont l'ouvrier répond,
Sert, un beau jour, plus tard, aux charpentes d'un pont ;

Et sur le pont hardi qui fléchit et qui tremble,
Voici qu'un régiment, six cents hommes ensemble,
Passe, musique en tête ; et le beau régiment
Sent sous ses pas le pont fléchir affreusement...
Le pont fléchit, va rompre... et les six cents pensées
Vont aux femmes, aux sœurs, aux belles fiancées,
Et dans le cœur des gens qui voient cela des bords,
La patrie a déjà pleuré les six cents morts.
Chante ! chante dès l'heure où la forge s'allume,
Frappe, bon ouvrier, gaiement sur ton enclume.
Le pont ne rompra pas, le pont n'a pas rompu,
Car le bon ouvrier a fait ce qu'il a pu,
Car la barre de fer est solide et sans paille.

. . . .

J. AICARD. *Le Livre des Petits.*

RESPECT DE LA PROPRIÉTÉ

Probité.

Dans la dernière guerre d'Allemagne[1], un capitaine
de cavalerie est commandé pour aller au fourrage. Il
part à la tête de sa compagnie et se rend dans le quar-
tier qui lui était assigné. C'était un vallon solitaire, où
l'on ne voyait guère que des bois. Il y aperçoit une
pauvre cabane, il y frappe ; il en sort un vieux hernouten[2] à barbe blanche : « Mon père, lui dit l'officier,
montrez-moi un champ où je puisse faire fourrager
mes cavaliers. — Tout à l'heure », reprit l'hernouten.

1. Celle qui dura de 1756 à 1763 et qu'on a appelée la
guerre de Sept ans.

2. Adepte d'une association religieuse fixée à Herrnhut, en
Saxe.

Ce bon homme se met à leur tête et remonte avec eux le vallon. Après un quart d'heure de marche, ils trouvent un beau champ d'orge : « Voilà ce qu'il nous faut, dit le capitaine. »

— « Attendez un moment, lui dit son conducteur, vous serez content. » Ils continuent à marcher, et ils arrivent, à un quart de lieue plus loin, à un autre champ d'orge. La troupe aussitôt met pied à terre, fauche le grain, le met en trousse[1]. L'officier de cavalerie dit alors à son guide : « Mon père, vous nous avez fait aller trop loin sans nécessité ; le premier champ valait mieux que celui-ci. — Cela est vrai, Monsieur, reprit le bon veillard, mais il n'était pas à moi. »

BERNARDIN DE SAINT-PIERRE. *Études de la nature.*

POUR LES PAUVRES

Donnez, riches : l'aumône est sœur de la prière :
Hélas ! quand un vieillard, sur votre seuil de pierre,
Tout raidi par l'hiver, en vain tombe à genoux ;
Quand les petits enfants, les mains de froid rougies,
Ramassent sous vos pieds les miettes des orgies,
La face du Seigneur se détourne de vous.

Donnez ! afin que Dieu, qui dote les familles,
Donne à vos fils la force, et la grâce à vos filles ;
Afin que votre vigne ait toujours un doux fruit ;
Afin qu'un blé plus mûr fasse plier vos granges ;
Afin d'être meilleurs ; afin de voir les anges
  Passer dans vos rêves la nuit !

Donnez ! il vient un jour où la terre nous laisse ;
Vos aumônes là-haut vous font une richesse.

1. En croupe.

Donnez! afin qu'on dise : « Il a pitié de nous ! »
Afin que l'indigent que glacent les tempêtes,
Que le pauvre, qui souffre à côté de vos fêtes,
Au seuil de vos palais fixe un œil moins jaloux.

Donnez ! pour être aimés du Dieu qui se fit homme,
Pour que le méchant même, en s'inclinant, vous nomme,
Pour que votre foyer soit calme et fraternel ;
Donnez ! afin qu'un jour, à votre heure dernière,
Contre tous vos péchés vous ayez la prière
    D'un mendiant puissant au ciel !

V. Hugo. *Les feuilles d'automne*
(Hetzel, éditeur).

NOS DEVOIRS ENVERS LES ANIMAUX

A QUI SONT LES NIDS ?

— « Dans les rochers ou dans les branches,
N'allez pas, mes petits amis,
Ni dans les aubépines blanches,
N'allez pas dénicher les nids. »

Ainsi parle, un jour, à l'école,
Le maître, — et Jacques dit : « Pourquoi? »
Pierre demande la parole :
— « C'est qu'un nid, ça n'est pas à moi !

Les oiseaux, c'est à tout le monde ! »
— « Non ! dit Pierre, un blond à l'œil bleu. »
— « A qui donc?... que Pierre réponde ! »
— « Monsieur, les nids, c'est au bon Dieu ! »

Et toute l'école de rire ;
Mais toute l'école avait tort...
L'enfant, que l'innocence inspire,
Dit parfois un mot juste et fort.

Oui, les nids sont à la nature ;
Ils ne sont pas à qui les prend !
C'est un méchant qui les torture,
Qui les gâte, est un ignorant.

Le ver, l'insecte, mille bêtes
Rongent l'orge et le blé, le fruit...
Les ailes d'oiseaux, toujours prêtes,
Suivent la vermine qui fuit !

Fort utile sans qu'il le veuille
Le moineau franc donne le ton :
Le hanneton mange la feuille, —
Et le moineau, le hanneton.

Pour les épis que juillet dore
Les fourmis sont des ennemis...
Le fourmilier happe et dévore,
D'un seul coup, beaucoup de fourmis !

Quelle loi, quel garde champêtre
Conduirait l'insecte en prison ?
L'hirondelle seule, peut-être,
Met un moustique à la raison.

Non, non, le nid n'est à personne !
Où qu'il soit, il faut le laisser,
Car, pour n'importe quelle somme,
Vous ne pourriez le remplacer !

Puis si vous avez un cœur tendre,
Songez aux mères des oiseaux,
Et comme c'est joli d'entendre
Leurs chansons près de ces berceaux.

J. AICARD. *Le livre des Petits.*

ATTACHEMENT ET FIDÉLITÉ DES ANIMAUX DOMESTIQUES

Histoire du chien de Brisquet.

En notre forêt de Lions[1], vers le hameau de la Goupillière, tout près d'un grand puits-fontaine qui appartient à la chapelle Saint-Mathurin, il y avait un bonhomme, bûcheron de son état, qui s'appelait Brisquet, ou autrement le fendeur à la bonne hache, et qui vivait pauvrement du produit de ses fagots, avec sa femme, qui s'appelait Brisquette. Le bon Dieu leur avait donné deux jolis petits enfants, un garçon de sept ans, et qui était brun, et qui s'appelait Biscotin, et une blondine de six ans, qui s'appelait Biscotine. Outre cela, ils avaient un chien à poil frisé, noir par tout le corps, si ce n'est au museau qu'il avait couleur de feu ; et c'était bien le meilleur chien du pays pour son attachement à ses maîtres. On l'appelait *La Bichonne*, parce que c'était une chienne.

Vous vous souvenez du temps où il vint tant de loups dans la forêt de Lions? C'était dans l'année des grandes neiges, que les pauvres gens eurent si grand'peine à vivre. Ce fut une terrible désolation dans le pays.

Brisquet, qui allait toujours à sa besogne, et qui ne craignait pas les loups, à cause de sa bonne hache, dit un matin à Brisquette : « Femme, je vous prie de ne

1. Dans le département de l'Eure.

laisser courir ni Biscotin, ni Biscotine, tant que M. le grand louvetier [1] ne sera pas venu. Il y aurait du danger pour eux. Ils ont assez de quoi marcher entre la butte et l'étang, depuis que j'ai planté des piquets le long de l'étang pour les préserver d'accident. Je vous prie aussi, Brisquette, de ne pas laisser courir la Bichonne, qui ne demande qu'à trotter. »

Brisquet disait tous les matins la même chose à Brisquette. Un soir, il n'arriva pas à l'heure ordinaire. Brisquette venait sur le pas de la porte, ressortait, et disait, en se croisant les mains :

« Mon Dieu, qu'il est attardé ! »

Et puis, elle sortait encore, en criant :

« Eh ! Brisquet ! »

Et la Bichonne lui sautait jusqu'aux épaules, comme pour lui dire : « N'irai-je pas ? »

— Paix ! lui dit Brisquette. Ecoute, Biscotine, va jusque devers la butte pour voir si ton père ne revient pas. Et toi, Biscotin, suis le chemin au long de l'étang, en prenant bien garde s'il n'y a pas de piquets qui manquent. Et crie fort : Brisquet ! Brisquet !... Paix ! la Bichonne.

Les enfants allèrent, allèrent, et quand ils se furent rejoints à l'endroit où le sentier de l'étang vient couper celui de la butte :

— Mordienne ! dit Biscotin, je retrouverai notre pauvre père ou les loups m'y mangeront.

— Pardienne ! dit Biscotine, ils m'y mangeront bien aussi.

1. On appelait ainsi l'officier qui était chargé d'organiser et de diriger la chasse au loup.

Pendant ce temps-là, Brisquet était revenu par le grand chemin de Puchay, en passant à la Croix-aux-Aires sur l'abbaye de Mortemer, parce qu'il avait une hottée de cotrets à fournir chez Jean Paquier.

— As-tu vu nos enfants? lui dit Brisquette.

— Nos enfants ? dit Brisquet. Nos enfants? Mon Dieu! sont-ils sortis?

— Je les ai envoyés à ta rencontre jusqu'à la butte et à l'étang; mais tu as pris par un autre chemin.

Brisquet ne posa pas sa bonne hache. Il se mit à courir du côté de la butte.

« Si tu menais la Bichonne? » lui cria Brisquette.

La Bichonne était déjà bien loin.

Elle était si loin que Brisquet la perdit bientôt de vue.

Et il avait beau crier : « Biscotin, Biscotine ! » on ne lui répondait pas.

Alors il se prit à pleurer, parce qu'il s'imagina que ses enfants étaient perdus.

Après avoir couru longtemps, longtemps, il lui sembla reconnaître la voix de la Bichonne. Il marcha droit dans le fourré, à l'endroit où il l'avait entendue, et il y entra, sa bonne hache levée. La Bichonne était arrivée là au moment où Biscotin et Biscotine allaient être dévorés par un gros loup. Elle s'était jetée devant, en aboyant, pour que ses abois avertissent Brisquet. Brisquet d'un coup de sa bonne hache renversa le loup roide mort, mais il était trop tard pour la Bichonne. Elle ne vivait déjà plus.

Brisquet, Biscotin et Biscotine rejoignirent Brisquette. C'était une grande joie, et cependant tout le monde pleura. Il n'y avait pas un regard qui ne cherchât la Bichonne.

Brisquet enterra la Bichonne au fond de son petit courtil [1] sous une grosse pierre sur laquelle le maître d'école écrivit en latin :

> C'est ici qu'est la Bichonne,
> Le pauvre chien de Brisquet.

Et c'est depuis ce temps-là qu'on dit en commun proverbe : « Malheureux comme le chien à Brisquet, qui n'allit qu'une fois au bois, et que le loup mangit [2]. »

Ch. NODIER. *Contes de la veillée.*
(Fasquelles, éditeur).

1. Petit jardin.
2. Allit, mangit : termes de patois normand.

CHAPITRE V

GLOIRE A LA FRANCE

Gloire à la France au ciel joyeux,
Si douce au cœur, si belle aux yeux,
Sol béni de la Providence !
    Gloire à la France !

Forêt au front, vigne au côté,
Elle a ce qui fait la beauté
Et ce qui donne l'abondance.
    Gloire à la France !

O ma patrie au cœur puissant,
Frère d'instinct, riche de sang,
Qui sans t'appauvrir se dépense !
    Gloire à la France !

Tout vient vers elle et tout en part ;
Elle est le progrès, elle est l'art,
Sol qui produit, terre qui pense,
    Gloire à la France !

Mais de ces dons du Créateur
Le plus divin est le meilleur,
C'est sa grande âme au souffle immense
    Gloire à la France !

Champion de l'humanité
L'homme lui doit sa liberté,
Et l'esprit, son indépendance.
    Gloire à la France !

C'est pourquoi partageant son sort
Le monde mourrait de sa mort,
Lui qui vit de son existence.
Gloire à la France !

Et c'est pourquoi, nous, ses enfants,
Soit terrassés, soit triomphants,
Nous garderons cette espérance :
Gloire à la France.

P. Déroulède. *Marches et Sonneries.*
(Calmann-Lévy, éditeur).

LE SERVICE MILITAIRE

Mes enfants, vous serez un jour des soldats, comme vous êtes aujourdhui des écoliers. Vous devez à la patrie le service militaire. En la défendant, chacun de vous défendra le foyer paternel, la maison où vous êtes nés, la commune où vous avez vécu, le territoire national, le patrimoine que vous ont légué vos pères et quelque chose de plus encore : les lois qui vous protègent, les bienfaits de la civilisation, tout ce passé de travail et de gloire qui a fait la France si grande parmi les nations.

Lorsqu'un régiment passe dans une rue de votre ville ou de votre village, vous regardez d'abord avec curiosité les uniformes et les fusils. Puis le mouvement cadencé des hommes qui marchent, le son de la musique, le bruit des tambours vous entrainent en quelque sorte malgré vous. Vous accompagnez les soldats, vous vous sentez emportés par une émotion que tous vos camarades partagent autour de vous.

C'est le drapeau de la France qui passe : c'est l'image de la patrie en armes, telle qu'elle serait si elle avait un jour besoin de vos bras. Si votre mère était menacée, si elle vous criait : « A moi, mes enfants ! » de quel cœur n'iriez-vous pas à son secours ? Pensez à la France comme à la plus noble des mères, comme à une mère qui a souffert et dont les blessures ne sont pas guéries[1]. Le jour où elle vous appellera, soyez prêts à marcher pour la défendre. Qu'aucun de vous n'ait la honteuse pensée de se soustraire à ce devoir sacré.

A. Mézières. Éducation morale et civique.

(Delagrave éditeur).

LES SŒURS DE CHARITÉ ET NOS SOLDATS

Un devoir militaire m'amenait à l'hôpital, racontait le général Ambert. J'y allais visiter un pauvre soldat, mon ordonnance aux spahis de Constantine, et qu'une maladie contractée en Afrique conduisait lentement à une mort affreuse et prochaine.

Devenue impuissante, la science passait distraite et sans s'arrêter au chevet du lit de mon cavalier.

La famille absente, dispersée, anéantie peut-être, n'avait jamais visité ce lit solitaire.

D'amis et de camarades, on n'en voyait pas autour de cet homme venu des pays lointains. Il était seul sur

1. Les blessures auxquelles M. Mézières fait allusion sont enfin guéries. Le traité de Versailles (28 juin 1919) a rendu à la France l'Alsace et la Lorraine.

la terre. Nul ne prononçait son nom, et l'on savait à peine qu'il était là.

Le numéro 23, tracé sur une planchette, restait suspendu par un clou à la tête de cet homme. Deux chiffres, qui avaient déjà tant de fois servi, qui serviraient tant de fois encore, distinguaient ce malheureux des autres malheureux.

Je l'avais connu jadis plein de force. Joyeux cavalier il égayait nos marches; brave soldat il portait gaiement la vie. Je l'aimais, et il m'avait prouvé son attachement en maintes circonstances périlleuses.

Cependant, lorsque je m'arrêtai au pied de son lit, il sembla ne pas me reconnaître. Ses yeux étaient fixés sur moi, mais nulle intelligence n'y rayonnait; de ses lèvres entr'ouvertes, immobiles et sèches, un souffle irrégulier, saccadé, s'échappait avec peine.

Sa main amaigrie, blanche et froide comme le marbre, ne tressaillit même pas au contact de la mienne.

J'appelai le malade à haute voix, mais il resta sourd et immobile; son regard était toujours fixé sur le mien, et tout me prouvait cependant qu'il ne me voyait pas.

L'âme habitait encore ce corps, mais elle était ensevelie dans les recoins les plus cachés; elle s'y réfugiait si bien que Dieu seul pouvait l'y retrouver. Les sens, interprètes de l'âme sommeillaient tous.

Un bruit léger, léger comme le bruit de la feuille soulevée par la brise vint jusqu'à moi. Ce souffle presque insensible, que je percevais à peine, fit tressaillir le malade; ses yeux se dirigèrent de côté; son front s'éclaira, ses lèvres cherchèrent à sourire, et le sang, circulant dans les veines, porta la vie à ses mains qui se croisèrent sur sa poitrine.

Mon regard suivit son regard, et je vis près de moi une Sœur de Charité : le moribond l'avait entendue le premier. La servante de Dieu venait de réveiller cette âme, comme l'invisible rosée du matin ressuscite la plante désséchée.

S'approchant du lit, la pauvre fille essuya la sueur froide qui inondait le front du soldat, et, se penchant à son oreille, elle dit d'une voix douce :

— Joseph, comment allez-vous?

Dans ce séjour, il était pour tous le numéro 23; pour moi, il avait toujours été le cavalier Meyer; pour elle, il était Joseph! Sa mère le nommait de ce doux nom sous le chaume du village; dans ce nom, presque oublié par le pauvre soldat lui-même, il y avait les plus chers souvenirs de la vie : son enfance insouciante aux forêts de l'Alsace, les jeux, les caresses, les bonheurs, les larmes de la famille bien-aimée.

Joseph! nul ne l'avait nommé ainsi que ses sœurs, ses frères, son père et sa mère; c'était au hameau seulement que les vieux amis connaissaient Joseph. Joseph! c'était son nom dans le Ciel, le prêtre le lui avait donné en lui donnant un protecteur près de Dieu.

Le cavalier Meyer n'avait pas reconnu son capitaine! le chrétien Joseph reconnut la Sœur de Charité.

Après l'avoir considéré un instant comme une mère considère son enfant, la Sœur ouvrit une serviette blanche qu'elle apportait, en tira des fleurs et les répandit sur le lit de Joseph.

Le malade tressaillit, ses yeux brillèrent, et ses mains se promenèrent sur les fleurs en les caressant.

Pour la première fois, la Sœur de Charité sembla m'apercevoir. Reconnaissant en moi un officier de l'armée, elle comprit que nous étions en famille. Alors, sans préambule, elle me dit : « Joseph était jardinier, avant son entrée au service. »

Le génie de Michel-Ange, les accents sublimes de Bossuet, toutes les scènes humaines pourraient-ils égaler l'acte de charité de cette pauvre fille ignorante, qui avait deviné qu'à ce jardinier mourant il fallait des fleurs ?

Aucun docteur n'avait imprimé cela dans ses livres, aucun philosophe ne l'avait conseillé et cependant, la Sœur le savait.

Je croyais à quelque baume pour soulager les douleurs du corps, ou à quelque discours religieux pour diriger l'âme vers le Ciel ; je m'attendais à trouver comme un reflet des soins du médecin ou des soins du confesseur, mais au lieu des sciences humaines ou divines, je trouvais *la Charité.*

Ajoutons que cette charité que pratiquait si bien la bonne Sœur devait sauver celui que la science avait condamné.

Général Ambert. L'Héroïsme en soutane.
La Sœur, p. 201 (Fayard, éditeur).

LA FIDÉLITÉ A LA PATRIE

L'Alsace et la Lorraine.

Vos frères d'Alsace et de Lorraine séparés en ce moment de la famille commune conserveront à la France absente de leurs foyers une affection filiale, jusqu'au jour où elle viendra y reprendre sa place.

> (*Adieux des représentants de l'Alsace et de la Lorraine à la mère patrie le 1er mars 1871.*)

A la France, champion de toutes les nobles causes, nous apportons, avec l'affection que nous lui avions toujours gardée, notre inébranlable fidélité et notre entier dévouement. L'Alsace et la Lorraine reprennent la garde le long de la frontière du Rhin. Elles ne failliront pas à leur mission de sentinelles avancées de la pensée française.

> (*Discours de M.* FRANÇOIS, *député de la Moselle à la rentrée de la nouvelle Chambre le 8 décembre 1919.*)

EN SOUVENIR DES MORTS DE LA GRANDE GUERRE

Le 2 novembre 1919 des diplômes ont été distribués aux familles des morts pour la patrie. Ils renferment des pensées que tous les enfants de France devraient savoir par cœur :

Honneur aux morts immortels, conseillers des vivants.

M. POINCARÉ.

Voici les trois commandements des morts : Aimez-vous les uns les autres ; aimez votre patrie plus que vous-mêmes ; travaillez de toutes vos forces et de tout votre cœur au relèvement de la France, travaillez, travaillez, travaillez.

M. Lavisse.

Qui n'écoute pas nos morts, n'est pas digne de vivre. La mort éclaire la vie.

M. Deschanel.

Gloire à cet héroïque soldat ! La reconnaissance d'un peuple, plus encore, celle du monde, lui est à jamais acquise !

Maréchal Foch.

CHAPITRE VI

DIEU RÉVÉLÉ PAR LA NATURE

I

La chaleur était à peine tombée avec le soleil; les oiseaux, déjà retirés et non encore endormis, annonçaient par un ramage languissant et voluptueux le plaisir qu'ils goûtaient à respirer un air plus frais; une rosée abondante et salutaire ranimait déjà la verdure fanée par l'ardeur du soleil; les fleurs élançaient de toutes parts leurs plus doux parfums; les vergers et les bois, dans toute leur parure, formaient au travers du crépuscule et des premiers rayons de la lune un spectacle moins vif et plus touchant que durant l'éclat du jour; le murmure des ruisseaux, effacé par le tumulte de la journée, commençait à se faire entendre; divers animaux domestiques, rentrant à pas lents, mugissaient au loin et semblaient se réjouir du repos que la nuit allait leur donner; et le calme qui commençait à régner de toutes parts était d'autant plus charmant qu'il annonçait des lieux tranquilles sans être déserts, et la paix plutôt que la solitude.

A ce concours d'objets agréables, le philosophe,

touché comme l'est toujours en pareil cas une âme sensible où règne la tranquille innocence, livre son cœur et ses sens à leurs douces impressions; pour les goûter plus à loisir, il se couche sur l'herbe, et, appuyant sa tête sur sa main, il promène délicieusement ses regards snr tout ce qui les flatte. Après quelques instants de contemplation, il tourne par hasard les yeux vers le ciel, et, à cet aspect qui lui est si familier et qui par l'ordinaire le frappait si peu, il reste saisi d'admiration, il croit voir pour la première fois cette voûte immense et sa superbe parure. Il remarque encore à l'occident les traces de feu que laisse après lui l'astre qui nous donne la chaleur et le jour. Vers l'orient, il aperçoit la lueur douce et mélancolique de celui qui guide nos pas et excite nos rêveries durant la nuit. Il en distingue encore deux ou trois qui se font remarquer par l'apparente irrégularité de leur route au milieu de la disposition constante et régulière de toutes les autres parties du ciel; il considère, avec je ne sais quel frémissement, la marche lente et majestueuse de cette multitude de globes qui roulent en silence au-dessus de sa tête et qui, sans cesse, lancent à travers les espaces des cieux une lumière pure et inaltérable. Ces corps, malgré les intervalles immenses qui les séparent, ont entre eux une secrète correspondance qui les fait tous mouvoir selon la même direction, et il observe entre le zénith et l'horizon, avec une curiosité mêlée d'inquiétude, l'étoile mystérieuse autour de laquelle semble se faire cette révolution commune. Quelle mécanique inconcevable a pu soumettre tous les astres à cette loi, quelle main a pu lier ainsi entre elles toutes les parties de cet univers, et par quelle étrange faculté de moi-même, unies au dehors par cette loi commune, toutes ces parties le sont-elles encore dans ma pensée en une sorte de système que je soupçonne sans le concevoir?

. . . .

Plongé dans ces rêveries et livré à mille idées confuses, qu'il ne pouvait ni abandonner ni éclaircir, l'indiscret philosophe s'efforce vainement de pénétrer dans les mystères de la nature; son spectacle, qui l'avait d'abord enchanté, n'était plus pour lui qu'un sujet d'inquiétude, et la fantaisie de l'expliquer lui avait ôté tout le plaisir d'en jouir. Las enfin de flotter avec tant de contention entre le doute et l'erreur, rebuté de partager son esprit entre des systèmes sans preuves et des objections sans réplique, il était prêt de renoncer à de profondes et frivoles méditations, plus propres à lui inspirer de l'orgueil que du savoir, quand, tout à coup, un rayon de lumière vint frapper son esprit, et lui dévoiler ces sublimes vérités qu'il n'appartient pas à l'homme de connaître par lui-même et que la raison humaine sert à confirmer sans servir à le découvrir. Un nouvel univers s'offrit pour ainsi dire à sa contemplation ; il aperçut la chaîne invisible qui lie entre eux tous les êtres; il vit une main puissante étendue sur tout ce qui existe, le sanctuaire de la nature fut ouvert à son entendement comme il l'est aux intelligences célestes, et toutes les plus sublimes idées que nous attachons à ce mot : *Dieu,* se présentèrent à son esprit.   J.-J. Rousseau.

Morceau allégorique sur la Révélation.

II

Un jour, un athée convaincu de l'inexistence de Dieu, et parfaitement honnête dans son matérialisme pur, m'affirmait que, dans l'observation de la nature, rien n'autorise le penseur à admettre l'action d'une cause intelligente.

— Je vous entends fort bien, répliquai-je. Mais si je vous entends, et si je puis raisonner avec vous, c'est parce que j'ai une oreille, et même deux. Vous n'avez jamais regardé votre oreille, naturellement.

— Mais si, je l'ai vue parfois, de profil, dans un miroir. Où voulez-vous en venir ?

— De profil, ce n'est pas suffisant. Il faudrait la considérer de face, et même en pénétrer le mécanisme intérieur. Ne vous donnez pas de torticolis pour cela. Regardez simplement la mienne.

Vous voyez d'abord le tour, bien ourlé, ce que les anatomistes appellent l'hélix, bordant le pavillon, puis, au-dedans, un enfoncement, la rainure de l'hélix, à laquelle succède une saillie demi-circulaire, l'anthélix, qui entoure la cavité de la conque. La conque commence le conduit auditif interne.

Je ne parlerai ni du lobe de l'oreille, qui la termine en bas, et se relève légèrement avec un petit air attentif, ni des muscles extrinsèques et intrinsèques, ni du conduit auditif, ni du tympan, et je m'arrête simplement à l'oreille externe.

Un oculiste, qui se nommait Itard, a émis l'idée antiphilosophique, que tous ces plis et replis ne servaient à rien. Idée anti-philosophique, en effet, car la nature ne fait rien en vain, la fonction crée l'organe, et s'il y a des organes inutiles, ce ne peuvent être que des organes atrophiés.

Sans doute, on peut entendre sans ces ornements extérieurs, car le tympan fonctionne sans eux, mais on entend moins bien.

Deux physiologistes, entre autres, Schneider et Rinne, ont répondu à Itard en prouvant l'utilité de la forme de l'oreille. Dans une de ses expériences, Schneider a bouché le conduit auditif externe de l'une de ses oreilles, l'oreille gauche, avec un petit tampon de coton, puis il a rempli les anfractuosités et circonvolutions de la conque avec une composition liquide (1 partie de cire, 3 parties d'huile), de telle sorte qu'après le refroidissement la conque a été transformée en une surface plane. Après quoi, l'expérimentateur enleva le coton qui préservait les parties profondes contre l'introduction de la composition cireuse, et le conduit auditif redevint libre. Écoutant alors un corps sonore, une montre, placée derrière lui ou devant lui, à égale distance des deux oreilles, l'observateur constate que ce corps est beaucoup mieux entendu par l'oreille droite, dont la conque est restée intacte, que par l'oreille gauche. Si l'observateur tourne alors son oreille gauche du côté d'où vient le bruit, il arrive, tout à coup, un moment où il entend aussi bien avec cette oreille qu'avec l'autre : c'est le moment où le conduit auditif se trouve juste dans la direction du corps sonore.

Le pavillon joue, de son côté, un rôle important pour la notion de la direction des sons.

Comment tous ces détails sont-ils si bien appropriés à l'audition ? Qui a fabriqué l'oreille ?

— Elle s'est faite toute seule.

— Oui. Ce n'est pas un artiste, un statuaire, un mouleur, qui l'a pétrie, comme on modèle un organe en cire. C'est la nature qui a fait cela, sans mains ni doigts. Permettez-moi de continuer ma description.

L'oreille externe n'est qu'un grossier prélude de l'oreille interne. C'est ici, en effet, le point essentiel. Il s'agit, pour le cerveau, de percevoir les sons, de les interpréter, et d'être par eux en communication avec le monde extérieur.

En pénétrant le mécanisme de l'oreille, nous trouvons successivement :

1° Le conduit auditif, qui aboutit au tympan.

2° Le tympan, membrane mince, d'un blanc gris perle, élastique, presque arrondie, encastrée, sur les quatre cinquièmes de sa circonférence, dans une rainure creusée dans l'os. Il est formé de trois couches, la peau en dehors, une couche fibreuse, et la muqueuse. Il est concave en dehors. Dans son épaisseur, allant de haut en bas, et d'avant en arrière, jusqu'à son tiers inférieur, se trouve une petite branche osseuse : le manche du marteau.

3° Quatre petits osselets, le marteau, l'enclume, les lenticulaires et l'étrier, formant une tige articulée qui va du tympan à la fenêtre ovale derrière laquelle se trouve l'oreille interne. Tout ce système est articulé par des muscles. Lorsque la membrane du tympan vibre, à l'arrivée des ondes sonores, la chaîne des osselets transmet les vibrations à l'oreille interne.

4º La trompe d'Eustache, conduit qui va en s'élargissant, jusqu'à la gorge.

5º Le labyrinthe renfermant les canaux semi-circulaires et le limaçon, environ 6.000 fibres radiales, et une quantité de petits détails importants qu'il serait interminable de décrire.

De cette description sommaire résulte le fait que les ondes sonores, arrivant au pavillon de l'oreille, vont atteindre le tympan par un conduit auditif dont le fond est protégé par le cérumen et des poils, en même temps que toute l'oreille interne est garantie dans les os du crâne, la caisse étant remplie d'air reçu de la gorge par la trompe d'Eustache, et cet air transmettant les vibrations permet l'arrivée du son jusqu'au nerf auditif et au cerveau. Ainsi l'homme entend, ainsi les hommes s'entendent, ainsi a pu naître la parole, ainsi l'humanité a pu se développer intellectuellement. Que serait un monde de sourds-muets ?

— Eh bien, ajouta mon interlocuteur, cette organisation de l'oreille ne prouve rien du tout, puisqu'elle s'est faite toute seule.

— Ah ! vraiment ! Une organisation n'indique pas l'existence d'un organisateur ? Alors les mots n'ont plus aucun sens ?

— Organisateur ! organisateur ! Cela dépend comment vous l'entendez.

— Certes, je n'entends pas par là, un animal bipède et mammifère comme vous et moi, un type de la race humaine terrestre. J'entends une force organisatrice spirituelle, dont la nature nous est aussi inconnaissable que nous le sommes nous-mêmes à l'entendement d'une fourmi. Si les fourmis se formaient l'idée d'un dieu, elles se le représenteraient sous la forme d'une fourmi, les crapauds sous la forme d'un crapaud, les girafes sous la forme d'une girafe. Les hommes ont créé Dieu à leur image. Ne soyons pas dupes de ces naïvetés grossières. Affranchissons-nous, une fois pour toutes, et planons plus haut.

Mais soyons logiques, et servons-nous de notre raison pour raisonner. Si vous me concédez que l'oreille est organisée, vous êtes déiste sans le savoir..... N'acceptez pas que l'oreille soit construite pour percevoir les sons, pour transformer les ondes aériennes, non sonores en elles-mêmes, silencieuses et banales, en sons, en harmonies, en voix ; n'avouez pas qu'il y ait là un appareil acoustique. Autrement vous êtes perdu. Affirmez que les choses se font stupidement, bêtement, moins encore (car dans la stupidité et dans la bêtise, il reste encore un peu d'esprit), mais chaotiquement, fortuitement, par la rencontre quelconque de molécules inertes, sans lois, sans direction, sans aucun plan, et qu'au fond de tout il n'y a que le néant : on vous comprendra, si l'on peut, mais vos idées scientifiques ne seront pas contradictoires. Pour moi, je vois dans l'oreille graduellement formée, dans l'œil, appareil optique, dans l'organisation humaine tout entière, sans en excepter aucun organe, ni aucune fonction, et dans l'évolution séculaire de tout l'arbre vital terrestre, le témoignage d'une force organisatrice virtuelle, incompréhensible pour notre mentalité, mais certaine et absolue, que la science ne peut nier qu'en s'égarant en d'inextricables contradictions.

La nature nous parle un langage qui me paraît assez clair ; le scepticisme négateur n'apporte aucune preuve à son appui. Je m'en tiens, logiquement, au témoignage de la nature.

Camille FLAMMARION.

L'oreille (La Revue, 1er mars 1909).

LA CROYANCE EN DIEU

... Empoisonné dès l'adolescence de tous les écrits du siècle, j'y avais sucé de bonne heure le lait stérile de l'impiété. L'orgueil humain, ce dieu de l'égoïste, fermait ma bouche à la prière tandis que mon âme effrayée se réfugiait dans l'espoir du néant. J'étais comme ivre et insensé quand je vis le Christ sur le sein de Brigitte,... je reculai sachant qu'elle y croyait. Ce ne fut pas une terreur vaine qui en ce moment m'arrêta la main. Qui me voyait ? J'étais seul, la nuit. S'agissait-il des préjugés du monde ? Qui m'empêchait d'écarter de mes yeux ce petit morceau de bois noir ? Je pouvais le jeter dans les cendres, et ce fut mon arme que j'y jetai. Ah ! que je le sentis jusqu'à l'âme, et que je le sens maintenant encore ! Quels misérables sont les hommes qui ont jamais fait une raillerie de ce qui peut sauver un être ! Comment ose-t-on toucher à Dieu ?

. . . .

Et toi, Jésus, qui l'as sauvée, pardonne-moi, ne le lui dis pas. Je suis né dans un siècle impie et j'ai beaucoup à expier. Pardonne à ceux qui m'ont fait incrédule, puisque tu m'as fait repentant ; pardonne à tous ceux qui blasphèment ! ils ne t'ont jamais vu, sans doute, lorsqu'ils étaient au désespoir !

Musset. Confession d'un enfant du siècle.

CONFIANCE DANS LA PROVIDENCE

Deux hommes étaient voisins, et chacun d'eux avait une femme et plusieurs petits enfants, et son seul travail pour les faire vivre.

Et l'un de ces deux hommes s'inquiétait en lui-même, disant :

« Si je meurs ou si je tombe malade, que deviendront ma femme et mes enfants ? »

Et cette pensée ne le quittait point et elle rongeait son cœur comme un ver ronge le fruit où il est caché.

Or, bien que la même pensée fût venue également à l'autre père, il ne s'y était point arrêté ; car disait-il, Dieu qui connaît toutes les créatures et qui veille sur elles, veillera aussi sur moi, et sur ma femme, et sur mes enfants.

Et celui-ci vivait tranquille, tandis que le premier ne goûtait pas un instant de repos ni de joie intérieurement.

Un jour qu'il travaillait aux champs, triste et abattu à cause de sa crainte, il vit quelques oiseaux rentrer dans un buisson, en sortir, et puis bientôt y revenir encore.

Et s'étant approché, il vit deux nids posés côte à

cùte, et dans chacun plusieurs petits nouvellement
éclos et encore sans plumes.

Et quand il fut retourné à son travail, de temps en
temps il levait les yeux, et regardait ces oiseaux qui
allaient et venaient portant la nourriture à leurs
petits.

Or, voilà qu'au moment où l'une des mères rentrait
avec sa becquée, un vautour la saisit, l'enleva, et la
pauvre mère, se débattant vainement sous sa serre,
jetait des cris perçants.

A cette vue, l'homme qui travaillait sentit son âme
plus troublée qu'auparavant : car, pensait-il, la mort de
la mère, c'est la mort des enfants. Les miens n'ont que
moi non plus; que deviendront-ils si je leur manque?

Et tout le jour il fut sombre et triste, et la nuit, il
ne dormit point.

Le lendemain de retour aux champs, il se dit : « Je
veux voir les petits de cette pauvre mère : plusieurs
sans doute ont déjà péri ». Et il s'achemina vers le
buisson.

Et, regardant, il vit les petits bien portants; pas un
ne semblait avoir pâti.

Et ceci l'ayant étonné, il se cacha pour observer ce
qui se passerait.

Et après un peu de temps, il entendit un léger cri,
et il aperçut la seconde mère rapportant en hâte la
nourriture qu'elle avait recueillie, et elle la distribua à
tous les petits indistinctement, et il y en eut pour tous,
et les orphelins ne furent point délaissés dans leur
misère.

Et le père qui s'était défié de la Providence raconta

G. DANTU. — *Manuel de morale pratique.*　　　　12

le soir à l'autre père ce qu'il avait vu. Et celui-ci lui dit : « Pourquoi s'inquiéter? Jamais Dieu n'abandonne les siens. Son amour a des secrets que nous ne connaissons point. Croyons, espérons, aimons, et poursuivons notre route en paix.

« Si je meurs avant vous, vous serez le père de mes enfants; si vous mourez avant moi, je serai le père des vôtres.

« Et si l'un et l'autre mourons avant qu'ils soient en âge de pourvoir eux-mêmes à leurs nécessités, ils auront pour père, le Père qui est dans les cieux. »

LAMENNAIS.
Paroles d'un croyant.

NOTICES

SUR LES

PRINCIPAUX AUTEURS CITÉS DANS CE MANUEL

J. AICARD

Poète et auteur dramatique, né en 1848. Ses œuvres principales sont : *Poèmes de Provence, Chanson de l'Enfant, Miette et Noré, le Livre des Petits, Le Père Lebonnard.* Poète idéaliste et humanitaire, J. Aicard est un des derniers artistes qui se rattachent à la grande école de Sully-Prudhomme et de Coppée, à qui il a succédé à l'Académie française.

AMBERT (le Général Baron)

Général français, homme politique et publiciste, né en 1804, mort en 1890.

Deux mots résument sa vie : foi et patriotisme.

Tous ses écrits sont également vivifiés par ces deux grands sentiments. Les principaux ouvrages du général baron Ambert sont : *L'Histoire de la guerre 1870-1871, L'Héroïsme en soutane, Gaulois et Germains, Récits militaires.*

ARISTOTE

Philosophe grec, né en 384 av. J.-C., mort en 322.

Il fonda à Athènes une école appelée le *Lycée.* Son génie a embrassé toutes les sciences et ses œuvres forment une vaste encyclopédie du savoir humain. On peut, du reste, s'en rendre compte par les seuls titres de ses ouvrages principaux : La *Métaphysique*, la *Morale à Nicomaque*, la *Politique*, la *Rhétorique*, la *Physique*, l'*Histoire naturelle des animaux*, le *Traité du Ciel*, etc.

SAINT AUGUSTIN

Evêque d'Hippone, docteur et Père de l'Église, né en 354, mort en 430. Penseur pénétrant et parfois sublime il nous a laissé des œuvres remarquables par la richesse de la pensée et de l'expression. Revenu à Dieu à l'âge de trente-deux ans, après une vie coupable, il nous a raconté sa conversion dans un livre des plus attachants intitulé *Les Confessions*. Son chef-d'œuvre est la *Cité de Dieu*.

BEAUMARCHAIS

Auteur comique, né en 1732, mort en 1799. Son originalité consiste à avoir introduit, dans la comédie, la satire politique et sociale. Ses œuvres principales sont *Le Barbier de Séville* et *Le Mariage de Figaro*.

BERNARDIN DE SAINT-PIERRE

Écrivain français, né en 1737, mort en 1814. Son imagination, son sentiment vif de la nature, le riche coloris de son style le font reconnaître comme un disciple de J.-J. Rousseau. Ses œuvres principales sont les *Études sur la nature* et *Paul et Virginie*.

BOSSUET

Né en 1627, mort en 1704. Nommé précepteur du Dauphin en 1670 et évêque de Meaux en 1681, Bossuet a beaucoup parlé et beaucoup écrit. Ses œuvres oratoires, *Sermons et Oraisons funèbres*, lui ont mérité le titre de « roi de la chaire ». Son *Discours sur l'Histoire universelle* et l'*His-

toire des variations des Églises protestantes le mettent au premier rang parmi les écrivains français. La qualité dominante du caractère de Bossuet est le bon sens, celle de son style est la simplicité unie à la grandeur.

BOURDALOUE

Prédicateur célèbre de l'ordre des Jésuites, né en 1632, mort en 1704. Ses sermons, composés avec une logique vigoureuse, ont un caractère avant tout moral et pratique. Son seul but était de convertir et de sauver. « Bourdaloue frappe comme un sourd, disait une de ses contemporaines, Mme de Sévigné. Sauve qui peut ! Il va toujours son chemin. »

P. BOURGET

Romancier contemporain, né en 1852. — Ses romans sont des études très pénétrantes de *psychologie* et de *sociologie*, où, du point de vue chrétien, l'âme humaine et les problèmes de la société contemporaine sont analysés avec puissance et profondeur. Les œuvres principales de P. Bourget sont : le *Disciple, Cosmopolis,* l'*Étape, Un Divorce,* l'*Émigré,* le *Démon de midi.*

BRUNETIÈRE

Célèbre critique français, né en 1849, mort en 1906. Érudition solide, culte fervent de la tradition classique, vues nouvelles et profondes sur les œuvres et les hommes : telles sont les marques principales de cet esprit supérieur. Ses principaux ouvrages d'érudition et de critique sont : *Études critiques sur l'histoire de la littérature française ; Histoire et Littérature ; Édition et Sermons choisis de Bossuet ; Histoire de la littérature française classique.*

Une autre marque distinctive de l'esprit de Brunetière, c'est sa lente évolution vers la foi catholique. Un voyage à Rome en 1900 consacra l'adhésion du grand critique au catholicisme. Les œuvres intitulées : *Discours de combat,* les *Raisons actuelles de croire,* les *Motifs d'espérer,* se rattachent à cet ordre d'idées.

LA BRUYÈRE

Moraliste français, né en 1645, mort en 1696. Son originalité consiste dans la peinture de la société de son temps. L'ouvrage intitulé *Les Caractères* forme une galerie de portraits où il est facile de reconnaître plus d'un personnage du temps. La Bruyère vaut surtout par le style qui, chez lui, est toujours pittoresque, brillant et varié.

CHATEAUBRIAND

Célèbre écrivain français, né en 1768, mort en 1848. Son influence sur la littérature de la première partie du xixᵉ siècle fut considérable.

Il fut l'initiateur du *romantisme,* c'est-à-dire de ce système littéraire qui s'inspire principalement de l'imagination et de la sensibilité, qui s'applique à rendre les émotions intimes et personnelles du cœur et les différents aspects de la nature dans une langue qui ait avant tout du rythme, de l'éclat et de la couleur. *René, Le Génie du Christianisme, Les Martyrs,* les *Mémoires d'Outre-tombe,* sont de brillantes illustrations de cette théorie. Il faut noter encore que Chateaubriand a fait œuvre d'apologiste de la religion chrétienne. En écrivant *Le Génie du Christianisme,* son dessein était de prouver que, de toutes les religions, « la religion chrétienne est la plus poétique, la plus humaine, la plus favorable à la liberté, aux arts et aux lettres... qu'il n'y a rien de plus divin que sa morale, rien de plus aimable que ses dogmes et son culte. »

CICÉRON

Le plus grand des orateurs romains, né en 106 et mort en 43 av. J.-C. Ses discours sont animés d'un grand patriotisme et d'un vif amour de la justice et de la liberté. On lui reproche à juste titre d'avoir manqué quelquefois d'esprit de suite dans sa conduite politique. Mais ce que l'on ne saurait trop admirer, c'est l'harmonie de son style et la magnificence de sa période. Nous possédons de Cicéron 57 *Discours*. Sa morale abonde en vues élevées et en généreux préceptes sur l'*amour du genre humain*, ou la charité fraternelle.

PIERRE CORNEILLE

Célèbre poëte dramatique français, né en 1606, mort en 1684. Il a représenté sur la scène la lutte éternelle entre la passion et le devoir, en ayant soin de ménager la victoire définitive du devoir. C'est dire quels sont les traits distinctifs de son théâtre : la grandeur et l'héroïsme. Ses quatre grands chefs-d'œuvre s'appellent : *Le Cid, Horace, Cinna, Polyeucte.*

V. COUSIN

Philosophe français, né en 1792, mort en 1867. Son système, appelé *éclectisme*, consiste à expurger toutes les doctrines et à ne garder que ce qu'elles ont de meilleur. Son principal ouvrage philosophique est celui qui a pour titre : *Du Vrai, du Beau et du Bien.*

PAUL DÉROULÈDE

Poète français, né en 1846. Un souffle puissant de patriotisme traverse ses poésies dont l'allure est toujours mâle et fière. L'amour de la France lui a inspiré des mots admirables comme celui-ci : « C'est du dernier soupir de nos héros qu'est fait le souffle immortel de la patrie. » Ses œuvres principales sont : *Chants du soldat, Nouveaux chants du soldat, Marches et Sonneries.*

DESCARTES

Célèbre mathématicien et philosophe français, né en 1596, mort en 1650. D'après Descartes l'essence de la matière consiste dans l'*étendue*, et toutes les propriétés de la matière s'expliquent par le mouvement : la pesanteur, la chaleur et la lumière se réduisent à des mouvements. A ce dernier point de vue, on peut dire que Descartes est l'inventeur de la *théorie mécanique de la chaleur*. Les bases de la philosophie cartésienne sont l'observation et le raisonnement. *Je pense*, donc *je suis* : telle est la première des certitudes et le point de départ de toutes les autres. Les principaux ouvrages de Descartes sont : *Le Monde ou traité de la lumière*, le *Discours de la Méthode, Principes de la Philosophie*.

ÉPICTÈTE

Philosophe stoïcien du premier siècle de l'ère chrétienne. Les dates exactes de sa naissance et de sa mort nous sont inconnues. *Supportez les peines* et *fuyez les plaisirs*, tel est le grand précepte d'Épictète. Grâce à l'accomplissement de ce précepte, l'âme vit libre et heureuse. Le *Manuel* et les *Entretiens* d'Épictète sont d'une lecture intéressante.

FÉNELON

Né en 1631, mort en 1715. Il fut précepteur du duc de Bourgogne, petit-fils de Louis XIV, et c'est à cette éducation que se rapporte la composition des *Fables* et du *Télémaque*. Deux ans auparavant Fénelon avait fait paraître le *Traité de l'éducation des Filles*. Nommé à l'archevéché de Cambrai, il publia entre autres ouvrages, le *Traité sur l'existence de Dieu*. Ce qui caractérise Fénelon comme écrivain c'est l'aisance, la grâce et la douceur du style. Ces qualités lui ont valu d'être appelé le *cygne de Cambrai*.

CAMILLE FLAMMARION

Astronome et écrivain français, né en 1842. Il a écrit dans un style coloré et abondant des ouvrages astronomiques d'une réelle compétence. Ses principaux ouvrages ont pour titres : *Dieu dans la nature, Contemplations scientifiques, Astronomie populaire, la Planète Mars et ses conditions d'habitabilité.*

FLORIAN

Écrivain français, né en 1755, mort en 1794. Il est surtout connu comme auteur de *Fables.* Son esprit de finesse et d'observation est incontestable, mais on a fait très justement remarquer qu'il y avait une très grande différence entre lui et La Fontaine : « Avec celui-ci nous nous intéressons aux animaux qu'il fait parler, ou au poète lui-même ; avec Florian nous ne nous intéressons guère qu'au sens de la fable et à sa moralité. »

LA FONTAINE

Né à Château-Thierry en 1621 et mort en 1695, il est le plus grand de tous les fabulistes. Ce qui fait l'originalité des *Fables* de La Fontaine, c'est qu'elles sont de *petits drames* avec une action et un dénouement, et dont les personnages sont généralement les animaux. Les leçons morales qui se dégagent de ces fables ne sont autres que les leçons de l'expérience, c'est-à-dire de la vie elle-même. La Fontaine a atteint la perfection, par le naturel, par la limpidité et la merveilleuse souplesse de son style.

VICTOR HUGO

Né en 1802, mort en 1885. Comme *poète lyrique* il est un des plus grands, sinon le plus grand de tous nos poètes français. Nul, mieux que lui, n'a chanté la grâce ingénue des enfants et l'inconsolable douleur causée par leur perte. La mort de sa fille lui inspira de sublimes cris d'appel vers le Dieu bon auquel il crut toujours, malgré qu'il ait si mal compris parfois les vertus chrétiennes et calomnié la religion. Presque toutes ses œuvres seraient à citer : *Odes et ballades*, les *Feuilles d'automne*, les *Chants du Cré-puscule*, les *Rayons et les Ombres*, la *Légende des siècles*, l'*Art d'être grand'père*, etc.

PAUL JANET

Philosophe français, né en 1823, mort en 1899. Spiritualiste sincère, érudit sans pédantisme, homme de foi et homme de science, Paul Janet fut un des maîtres les plus vénérés de notre temps. Disciple de V. Cousin, il a été par tempérament et en réalité plus philosophe que son maître. La *Morale*, les *Causes finales*, le *Traité de Philosophie*, l'*Histoire de la Philosophie* comptent parmi ses meilleurs ouvrages.

HENRI JOLY

Philosophe français, né en 1839. Ses ouvrages philosophiques, *Cours de Philosophie*, *L'homme et l'animal*, *Éléments de morale*, sont animés d'un esprit nettement spiritualiste et chrétien. D'autres publications comme le *Socialisme chrétien*, la *France criminelle*, le *Combat contre le crime*, renferment des vues fort justes sur les problèmes si actuels de la sociologie et de la criminalité.

JOUFFROY

Né en 1796, mort en 1842. Disciple de V. Cousin, il fut professeur de philosophie à l'École normale, à la Sorbonne et au Collège de France. Il fut hanté toute sa vie par le problème de la destinée humaine et il essaya noblement de reconquérir par la philosophie la foi religieuse dont il s'était détaché. Ses principaux ouvrages sont ses *Mélanges philosophiques*, les *Nouveaux mélanges* et son cours de *Droit naturel*.

JUVÉNAL

Célèbre poète satirique latin, né vers l'an 42 de l'ère chrétienne et mort vers 125. Contemporain des Néron, des

Galba, des Otton, des Vitellius, il nous a dépeint dans ses *Satires* les folies tragiques et sanglantes de la Rome impériale. Il y a dans ces peintures une vigueur, souvent aussi une crudité de coloris qui font penser aux *Châtiments* de V. Hugo.

KANT

Philosophe allemand, né en 1724, mort en 1804. La marque caractéristique de son esprit est de se montrer très audacieux dans la théorie et beaucoup plus réservé dans la pratique. De là vient qu'il reconstruit parfois dans tel ouvrage ce qu'il avait démoli dans tel autre : c'est le cas de la *Critique de la raison pure* et de la *Critique de la raison pratique*.

LAMARTINE

Né en 1790 et mort en 1869, il fut par excellence le poète de la nature et du cœur. Son inspiration souvent mélancolique s'exprima dans des vers dont la pureté et l'harmonie n'ont jamais été égalées. Une des sources principales de cette inspiration est la foi religieuse. « Le fond de mes impressions, nous dit le poète lui-même, fut toujours un profond instinct de la Divinité en toutes choses. » Les œuvres principales de Lamartine sont les *Méditations poétiques*, les *Harmonies*, le *Voyage en Orient, Jocelyn, La Chute d'un Ange, Graziella*.

Félicité de LAMENNAIS

Écrivain français, né en 1792, mort en 1854. Les théories aventureuses de son journal l'*Avenir* furent condamnées à Rome et cette condamnation fit de lui un révolté contre l'Église catholique. Lorsqu'il était encore tout dévoué à la cause du catholicisme il publia l'*Essai sur l'indifférence en matière de religion* et une *Traduction de l'Imitation*. C'est après s'être séparé de Rome qu'il écrivit les *Paroles d'un croyant*. Il est regrettable que cet opuscule qui puise si abondamment aux sources évangéliques se montre en même temps si hostile aux institutions religieuses. Lamennais fut un penseur vigoureux mais d'une obstination farouche, un écrivain puissant mais excessif.

JULES LEMAITRE

Poète, écrivain et critique français, né en 1853, mort en 1914. Par la merveilleuse souplesse de son talent, par la richesse et la variété de ses moyens, M. J. Lemaître fut un des esprits les plus fins et les plus agréables de notre temps. Par ses tendances morales, cet homme de ferme bon sens et sincèrement épris de vérité témoigna une sympathie de plus en plus marquée pour les fortes et saines traditions chrétiennes. Ses œuvres principales sont : *Les Contemporains, Impressions de théâtre, Le Mariage blanc, Le Pardon, La Massière.*

P. LOTI

Romancier contemporain, né à Lorient en 1850. Il excelle particulièrement dans l'évocation et dans la description des contrées lointaines. Il a mis en honneur l'*exotisme* dans le roman. Les misères et les injustices de l'humanité, le néant de la vie sans la foi et les espérances religieuses, les aspirations et les déceptions de l'âme humaine lui ont inspiré des pages remarquables que deux mots résument : *pitié* et *tristesse. Mon frère Yves* et *Pêcheurs d'Islande* comptent parmi ses meilleures œuvres.

Mme de MAINTENON

Née en 1635, morte en 1719, fut avant tout une excellente éducatrice. Elle fonda en 1685 la maison de Saint-Cyr pour élever gratuitement les jeunes filles nobles et pauvres. Ce qui domine chez Mme de Maintenon, c'est la raison et le bon sens. On peut s'en rendre compte en lisant ses *Lettres* et *Entretiens.*

MARC-AURÈLE

Empereur romain et philosophe stoïcien, né l'an 121 après J.-C., mort en 180. L'importance de la religion, la bonté infinie de la Providence, la nécessité de la résignation aux secrets desseins d'un Dieu qui ne veut que notre bien : tel est le fond du livre des *Pensées*. Cet ouvrage est un des plus beaux livres que possède l'humanité.

HENRI MARION

Philosophe français, né en 1846, mort en 1896. Il fut tout dévoué à la « science de l'éducation » et ses *leçons de Psychologie appliquée à l'éducation*, ses *Leçons de Morale*, seront toujours consultées avec fruit par les maîtres de la jeunesse.

CONSTANT MARTHA

Professeur et moraliste français, né en 1820, mort en 1895, Il est un de ceux qui ont le mieux compris et fait comprendre les moralistes de l'antiquité. Les *Moralistes sous l'empire romain*, les *Études morales sur l'antiquité* ne sont pas seulement d'un observateur pénétrant mais aussi d'un écrivain de race.

A. MÉZIÈRES

Littérateur et homme politique, né en 1826. C'est un écrivain à la fois érudit et élégant. Il a publié des études remarquables sur *Shakespeare, Dante, Pétrarque, Mirabeau*. Il faut citer encore les *Récits de l'invasion : Alsace et Lorraine*. Ce dernier ouvrage est une belle et émouvante illustration de l'idée de patrie et un noble exemple de patriotisme.

MONTAIGNE

Moraliste français, né en 1533, mort en 1592. Il s'est appliqué particulièrement à montrer l'impuissance de la raison à découvrir la vérité. « Anéantir son jugement pour faire place à la foi », tel est le dernier mot de sa philosophie. En matière d'éducation, Montaigne pense qu'il faut s'appliquer avant tout à former le jugement des élèves. Toutes ces idées sont développées un peu au hasard de l'inspiration dans un livre intitulé : les *Essais*.

MONTESQUIEU

Écrivain français, né en 1689, mort en 1755. Il a fait entrer dans la littérature la politique et la jurisprudence. *Les considérations sur les causes de la grandeur et de la décadence des Romains*, et l'*Esprit des Lois*, sont ses meilleurs ouvrages.

A. DE MUSSET

Poète français, né en 1810, mort en 1857. Ce qui est remarquable en lui c'est la sincérité avec laquelle il a rendu les émotions douloureuses de son cœur triste et désespéré. Ses meilleures pièces sont celles qui ont pour titre : *Les Nuits, Lettre à Lamartine, L'espoir en Dieu, Souvenir*.

NICOLE

Moraliste français, né en 1625, mort en 1695. Ses *Essais de Morale* renferment des considérations très sensées et souvent ingénieuses, mais le style en est le plus souvent faible.

CH. NODIER

Littérateur français, né en 1780, mort en 1844. Il est surtout connu comme romancier. C'est un conteur charmant à l'imagination vive et au goût très pur. *Stella ou les Proscrits*, les *Voyages pittoresques et romanesques dans l'ancienne France, La Fée aux Miettes*, peuvent suffire à nous en donner une idée.

ORIGÈNE

Père de l'Église grecque, né à Alexandrie vers l'an 185, mort en 253. Malgré certaines hardiesses de doctrine, Origène mérita ce jugement singulièrement flatteur de saint Jérôme : « Après les apôtres, je regarde Origène comme le grand maître des Églises ; l'ignorance seule pourrait nier cette vérité. Je me chargerais volontiers des calomnies qui ont été dirigées contre son nom, pourvu qu'à ce prix je puisse avoir sa science profonde des Écritures. » L'œuvre principale d'Origène est une édition de l'Ancien testament ou les *Hexaples*. Ce travail ne nous est parvenu qu'extrêmement tronqué.

PASCAL

Né en 1623, mort en 1662, il est sans contredit le plus profond et le plus élevé de tous les moralistes français, en même temps qu'un écrivain de génie. Grandeur et misère de l'homme : telle est l'antithèse qui revient souvent chez Pascal et qu'il résout par le dogme de la chute originelle. L'œuvre maîtresse de Pascal a pour titre : *Les Pensées*.

PAULIAN

Homme de lettres français, né en 1847. Il a fait des questions sociales sa spécialité. Il se mêle aux classes qu'il étudie afin d'en mieux comprendre les véritables intérêts et d'en décrire plus fidèlement les mœurs. C'est ce qui explique, par exemple, qu'il ait pu mettre tant de valeur locale dans son livre intitulé : *La Hotte du Chiffonnier*. Dans un autre ouvrage, *Paris qui mendie*, l'auteur recommande l'assistance par le travail et condamne l'aumône dans la rue.

F. PÉCAUD

Né à Salies-de-Béarn, le 3 juin 1828, mort à Orthez le 31 juillet 1898. Persuadé que la vie morale et politique d'un peuple dépend de l'éducation de la jeunesse, il se consacra tout entier à l'œuvre de l'enseignement. On lui doit la fondation de l'école normale supérieure d'institutrices de Fontenay-aux-Roses. De toutes les œuvres pédagogiques publiées par F. Pécaud, il convient de signaler l'*Éducation publique et la vie nationale* (1897) comme le meilleur résumé de ses vues sur l'éducation.

SILVIO PELLICO

Littérateur italien, né en 1789, mort en 1854. Ce fut un esprit profondément et délicatement chrétien dont les œuvres sont comme parfumées de modestie et de grâce. Le plus connu de ses ouvrages est intitulé : *Mes Prisons*. Il eut un succès immense et fut traduit dans toutes les langues.

PLATON

Célèbre philosophe grec, né en 429, mort en 347 av. J.-C. La caractéristique de la philosophie platonicienne c'est « l'idée du meilleur » qui se traduit, dans la pratique, par une ascension continuelle de l'âme vers l'Idéal, c'est-à-dire vers Dieu. C'est à Platon que revient le mérite d'avoir tracé le premier un programme précis, avec des règles fixes, pour l'éducation des jeunes Grecs. Ce programme comprend deux degrés. Le premier degré correspond à notre enseignement primaire et secondaire. Le second degré correspond à notre enseignement supérieur et universitaire : il fut la création vraiment personnelle de Platon. Nous ne pouvons donner ici une liste complète des écrits de Platon et nous n'en citerons que quelques-uns comme l'*Apologie de Socrate, Le Banquet, Le Phédon, La République, Les Lois*.

ROLLIN

Né en 1661, mort en 1741, il fut recteur de l'Université de Paris, puis principal du collège de Beauvais. Tout dévoué à la jeunesse, Rollin composa pour elle le *Traité des Études* l'*Histoire ancienne* et l'*Histoire romaine*. Comme historien, il manque de critique, mais on doit rendre justice à son ferme bon sens et à la droiture de son caractère.

EDMOND ROSTAND

Poète dramatique français, né en 1864, mort en 1918. Beauté, tendresse, générosité des sentiments, culte de tout ce qui est grand, noble, héroïque : voilà ce qu'on aime à applaudir dans le théâtre de M. Rostand. *La Samaritaine, Cyrano de Bergerac. L'Aiglon*, sont des pièces écrites pour la postérité.

JEAN-JACQUES ROUSSEAU

Célèbre écrivain français, né en 1712, mort en 1778. Dans le *Discours sur les sciences et les arts*, dans le *Discours sur l'inégalité des conditions* et dans l'*Emile*, il a émis et développé cette idée que l'homme est bon naturellement et qu'il a été perverti par la société et la civilisation. Ce qu'il faut, c'est donc revenir le plus possible à l'état de nature. Dans le *Contrat social*, il propose de reconstruire la société sur des bases nouvelles, c'est-à-dire sur l'*égalité absolue*. Les idées de Rousseau sont souvent paradoxales, fausses, dangereuses même, mais son style a une grande séduction. Jean-Jacques fut avant tout un grand peintre de la nature.

Saint FRANÇOIS DE SALES

Né à Annecy en 1567, mort évêque de Genève en 1622. Il fut un prédicateur à l'éloquence douce et insinuante, et un écrivain au style gracieux, fleuri d'ingénieuses comparaisons. Ses deux ouvrages capitaux sont l'*Introduction à la vie dévote*, et le *Traité de l'amour de Dieu*.

SÉNÈQUE

Philosophe moraliste, né à Cordoue l'an 2 ou 3 de l'ère chrétienne, mort à Rome en 65. Sa connaissance profonde des hommes lui mérita d'être, de son temps, un véritable directeur de conscience. Sa morale est élevée, et essentiellement religieuse. Des préceptes comme celui-ci : « Agissez avec vos inférieurs comme vous voudriez que vos supérieurs agissent avec vous », sont déjà de la morale chrétienne. Ses principaux ouvrages sont intitulés : *De la colère, De la Providence, De la Clémence, Lettres à Lucilius.*

J. SIMON

Philosophe et orateur français, né en 1814, mort en 1896. Il s'est occupé spécialement de questions sociales, et ses meilleurs livres sont *l'Ouvrière*, et *l'Ouvrier de huit ans.* Esprit large et sincèrement libéral, il se prononça toujours en faveur de la modération et de la justice dans les questions religieuses et les questions d'enseignement.

Saint THOMAS D'AQUIN

Né à Aquino, près de Naples, en 1225, mort en 1274. Il fut, au moyen âge, le plus illustre représentant de l'ordre des Dominicains. Philosophe et théologien, il s'est servi de la philosophie d'Aristote pour l'appliquer aux dogmes du christianisme et démontrer en même temps l'harmonieux accord de la raison et de la foi. Ses principaux ouvrages sont : *la Somme théologique* et *la Somme contre les Gentils.*

LOUIS VEUILLOT

Célèbre polémiste, né en 1813, mort en 1883. Ses articles dans le grand journal catholique *l'Univers* furent très remarqués par la vivacité de l'attaque ou de la riposte, et par l'âpreté mordante du style. Quelques-uns de ses ouvrages comme les *Odeurs de Paris* et surtout sa *Correspondance* révèlent un écrivain de race.

XÉNOPHON

Historien et philosophe grec, né entre 430 et 425 av. J.-C., mort vers le milieu du ${iv}^e$ siècle. Comme historien il nous a laissé *l'Anabase*, et *la Cyropédie* qui est un modèle de roman historique. Comme philosophe, il s'est contenté d'exposer telle qu'il l'avait comprise la doctrine de son maître Socrate. Ses œuvres philosophiques sont : *les Mémorables, l'Économique, le Banquet, l'Apologie*. Xénophon a été appelé « l'abeille attique » à cause de la douceur de son style.

TABLE DES MATIÈRES

PREMIÈRE PARTIE

MANUEL DE MORALE PRATIQUE

CHAPITRE PREMIER

Notions préliminaires de morale théorique
LA LOI MORALE OU LE DEVOIR

CHAPITRE II

LES DEVOIRS
Devoirs envers soi-même

CHAPITRE III

DEVOIRS ENVERS LA FAMILLE ET ENVERS L'ÉCOLE

CHAPITRE IV

DEVOIRS ENVERS LES HOMMES EN GÉNÉRAL

CHAPITRE V

DEVOIRS ENVERS LA PATRIE

CHAPITRE VI

DEVOIRS ENVERS DIEU

DEUXIÈME PARTIE

LECTURES MORALES

(Correspondant aux différents chapitres de ce Manuel)

CHAPITRE PREMEIR

CHAPITRE II

CHAPITRE III

CHAPITRE IV

CHAPITRE V

CHAPITRE VI

Évreux, Imp. de l'Eure, 6, rue du Meilet. — G. Poussin Dr.